GERMAINE COPELAND

ORACIONES CON PODER para HOMBRES de NEGOCIOS

EDICIÓN EJECUTIVA

Editorial Unilit
Harrison House

Disponible en otros idiomas en:
Access Sales International (ASI)
P. O. Box 700143, Tulsa, OK 74170-0143 USA
Fax #918-496-2822, www.access-sales.com

Publicado por
Editorial Unilit
Miami, Fl. 33172

Primera edición 2002

Traducido al español por: Graciela Broda de Arabia

Producto 495254
ISBN 0-7899-1011-X
Impreso en Colombia
Printed in Colombia

Contenido

Prefacio

Mi editora, Keith Provance, me pidió que escribiera un libro de oraciones para profesionales de negocios y pensé que era una buena idea, pero me pareció que las oraciones de mis otros libros ya incluían todos los propósitos de los negocios. Keith no se dio por vencida y siguió insistiendo y Dios reforzó Su plan y diseño para *Word Ministries:* Escribir oraciones para la vida cotidiana basadas en la Palabra.

Hay poder ilimitado en la oración que puede mucho (Santiago 5:16).

En las Escrituras, se le garantiza el éxito a la persona que da preeminencia a Jesús en el mundo de los negocios: **Y él es la cabeza del cuerpo que es la iglesia, él que es el principio, el primogénito de entre los muertos, para que en *todo* tenga la preeminencia; por cuanto agradó al Padre que en él habitase *toda* plenitud** (Colosenses 1:18,19).

Mi esposo y yo comenzamos cada mañana dándole gracias a Dios por el comienzo de otro día, reconociendo a Jesús como Señor y pidiendo sabiduría divina para cada decisión. Le pedimos al Señor que seamos una bendición para otros y que nos dé gracia e inteligencia en nuestros respectivos lugares de trabajo.

Honre a Dios y dele gloria por su éxito:

Recuerda al SEÑOR tu Dios, porque es él quien te da el poder para producir esa riqueza; así ha confirmado hoy el pacto que bajo juramento hizo con tus antepasados (Deuteronomio 8:18 NVI).

Ora en cada ocasión, pidiendo sabiduría divina sin dudas ni reservas: **Si a alguno de ustedes le falta sabiduría, pídasela a Dios, y él se la dará, pues Dios da a todos generosamente sin menospreciar a nadie** (Santiago 1:5, NVI).

La oración le traerá cambios personales y producirá conductas que le asegurarán el éxito en la vida.

Jesús dijo de aquellos que ponen su fe en él: **Yo he venido para que tengan vida, y la tengan en abundancia** (Juan 10:10, NVI). El éxito financiero no es nuestra única norma, pero Jesús es quien nos guía para tener una vida victoriosa en el hogar y en el trabajo.

Defina su identidad, integridad e influencia por orar oraciones que pueden mucho.

Reconocimientos

Es siempre mi deseo honrar al que se debe honrar (Romanos 13:7). Le agradezco a mi Padre Dios por los intercesores aquí en *Word Ministries* y por los demás compañeros de oración que oraron fielmente por mí y por el desarrollo de este trabajo. Aprecio su apoyo y aliento: **Si Jehová no edificare la casa, en vano trabajan los que la edifican** (Salmo 127:1).

Al escribir este libro, colaboré con el administrador general de una corporación que está consagrada por completo al ministerio y servicio de nuestro Dios, buscando traer honor y gloria al nombre de Jesús. Él contribuyó con oraciones sentidas que probaron ser invaluables en su búsqueda personal de una vida victoriosa y de éxito en los negocios. Expreso mi gratitud por hacer este conocimiento ampliamente disponible para otros a través de su contribución a este libro.

Un agradecimiento especial para Donna Walker, mi amiga y editora, quien constantemente me ayuda a escribir oraciones con poder. El Espíritu Santo nos guía durante incontables horas de orar, escribir, editar y rescribir.

Jan Duncan, administradora de *Word Ministries,* merece un reconocimiento por la visión global de este ministerio. Sus años de experiencia en el mundo secular de los negocios la preparó «para esta hora» (Ester 4:14). Ella me anima a desarrollar las habilidades de liderazgo dadas por Dios y la perspicacia para los negocios, asegurándome que *Fiel es el que os llama, el cual también lo hará* (1 Tesalonisenses 5:24). Sería negligente si no expresara mi gratitud a Michal Taylor, gerente de proyectos editoriales y al personal del equipo editorial en *Harrison House.* Gracias por su arduo trabajo, paciencia y comprensión.

Por último, pero no menos importante, deseo expresar mi agradecimiento a Everette, quien ha sido mi esposo durante cuarenta y cinco años. Él es un hombre de integridad cuya vida pública y privada es una expresión de principios centrados en Dios y de sólida ética comercial. Everette ha sido mi consejero y asesor a través de los meses escribiendo y rescribiendo este libro.

Cómo orar oraciones con poder

Las oraciones de este libro son para que usted y otros las usen. Son un asunto del corazón. Propóngase orar y meditar en cada oración. Permita que el Espíritu Santo haga la Palabra una realidad en su corazón. Su espíritu se vivificará con la Palabra de Dios, y usted comenzará a pensar como Dios piensa y hablar como Dios habla. Estudiará su Palabra y se sentirá más y más hambriento. El Padre recompensa a los que le buscan con diligencia (Hebreos 11:6).

Investigue y contemple el significado espiritual de cada pasaje enumerado en las oraciones. No son, de ningún modo, los únicos pasajes de la Escritura respecto a ciertos temas, pero son un comienzo.

Estas oraciones son una guía para tener una relación más íntima con su Padre celestial. Estudiar la Biblia transforma su mente y modo de vivir. Entonces otros verán que es posible cambiar, y usted le dará esperanza a los que vengan buscando su consejo. Al amonestar a alguien con la Palabra, usted le está ofreciendo guía y consuelo espiritual.

Camine en el consejo de Dios y valore su sabiduría (Salmo 1; Proverbios 4:7,8). La gente está buscando algo de lo cual puedan depender. Cuando alguien necesitado se le acerque, usted le puede señalar la porción en la Palabra de Dios que responda a su problema. Usted será victorioso, confiable y con respuestas, porque su corazón está arraigado y afirmado en su Palabra (Salmo 112).

Una vez que comience a ahondar en la Palabra de Dios, debe comprometerse a ordenar su conversación correctamente (Salmo 50:23). Esto es ser hacedor de la Palabra. No puede orar eficientemente por usted mismo, por alguien más o acerca de algo y luego hablar negativamente al respecto (Mateo 12:34-37). Eso es tener doble ánimo, y un hombre de doble ánimo no recibe *nada* de Dios (Santiago 1:6-8).

En Efesios 4:29-30 (NVI) está escrito:

Eviten toda conversación obscena. Por el contrario, que sus palabras contribuyan a la necesaria edificación y sean de bendición para quienes escuchan.

No agravien al Espíritu Santo de Dios, con el cual fueron sellados para el día de la redención.

Medite en estas palabras dedicándoles un tiempo para mantener su perspectiva de acuerdo con la voluntad de Dios. Nuestro Padre tiene tanto, pero tanto, que decir acerca de ese pequeño miembro, la lengua (Santiago 3). «No deis lugar al diablo» al preocuparse, no perdonar, al ser peleador o crítico. Ponga punto final al hablar necio y deshonesto (Efesios 4:27, 5:4). Usted debe ser una bendición para otros (Gálatas 6:10).

Hable de la solución, no del problema. La solución está en la Palabra de Dios. Usted debe conocer esta Palabra, conocimiento revelado (1 Corintios 2:7-16). El Espíritu Santo, su Maestro, le revelará las cosas que Dios nos da gratuitamente (Juan 14:26).

Como un intercesor, únase a otros en oración. La oración unida es un arma poderosa que el cuerpo de Cristo debe usar.

Tenga fe en Dios y acérquese a él confiadamente. Cuando usted ora de acuerdo con su voluntad, él lo oye. Entonces sabrá que tiene lo que le pidió (1 Juan 5:14-15, NVI). No descarte su confianza. Será ricamente recompensada (Hebreos 10:35, NVI). Permita a su espíritu orar mediante el Espíritu Santo. Ahora alabe a Dios por la victoria, antes de percibir cualquier manifestación. *Por fe andamos, no por vista* (2 Corintios 5:7).

Cuando su fe se encuentre bajo presión, no se conmueva. Mientras Satanás intenta desafiarlo, resístalo tenazmente en la fe, dejando que la paciencia haga su perfecto trabajo (Santiago 1:4). Tome la espada del Espíritu y el escudo de la fe y apague cada uno de sus dardos de fuego (Efesios 6:16,17). Todo el trabajo redentor de Cristo fue por usted. Satanás es ahora un enemigo vencido porque Jesús lo venció (Colosenses 2:14,15). La sangre de Cristo y la palabra de nuestro testimonio venció a Satanás (Apocalipsis 12:11). Pelee la buena batalla de la fe (1 Timoteo 6:12). Resista al adversario y esté firme en la fe en contra de sus ataques —arraigado, afirmado, fuerte y determinado (1 Pedro 5:9). Hable la Palabra de Dios con denuedo y valentía.

Su deseo debe ser complacer y bendecir al Padre. Al orar de acuerdo con su Palabra, él escucha gozosamente que usted, su hijo, está viviendo y caminando en la verdad (3 Juan 4).

Cuánto entusiasma saber que las oraciones de los santos están siempre en el salón del trono (Apocalipsis 5:8). ¡Aleluya!

Alabe a Dios por su Palabra y porque orar en el nombre de Jesús no tiene limitación. Es derecho de cada hijo de Dios. Por lo tanto, corra con paciencia la carrera que tenemos por delante, puestos los ojos en Jesús, el autor y consumador de la fe (Hebreos 12:1,2). La Palabra de Dios tiene el poder de edificarlo y de darle la herencia con todos los santificados (Hechos 20:32).

Comprométase a orar y a orar correctamente acercándose al trono con la boca llena de su Palabra.

La oración eficaz

La ferviente [sentida, continua] oración de un justo es poderosa y logra maravillas.

Santiago 5:16, LBD

La oración es compañerismo con el Padre, un contacto vital y personal con Dios, quien es más que suficiente. Debemos estar en constante comunión con él:

Porque los ojos del Señor están sobre los justos, y sus oídos, atentos a sus oraciones...

1 Pedro 3:12, LBD

La oración no debe ser una fórmula religiosa sin poder. Debe ser efectiva, certera y lograr resultados. Dios está alerta para que se cumpla su Palabra (Jeremías 1:12).

La oración que logra resultados se debe basar en la Palabra de Dios.

Ciertamente, la Palabra de Dios es viva y poderosa, y más cortante que

cualquier espada de dos filos. Penetra hasta lo más profundo del alma y del espíritu [inmortal], hasta la médula de los huesos [esto es, las partes más profundas de nuestra naturaleza], y juzga los pensamientos y las intenciones del corazón.

Hebreos 4:12, NVI

Orar es tener esta palabra «viva» en nuestras bocas. Nuestras bocas deben expresar la fe, porque la fe es lo que agrada a Dios (Hebreos 11:6). En oración elevamos su Palabra hacia él, y nuestro Padre se ve a sí mismo en su Palabra.

La Palabra de Dios es nuestra comunión con él. Le hacemos recordar su Palabra (Isaías 43:26) presentando una demanda en sus habilidades en el nombre de nuestro Señor Jesús. Le recordamos que él suple todas nuestras necesidades conforme a sus riquezas en gloria por Cristo Jesús (Filipenses 4:19). Que su Palabra no vuelve a él vacía, sin producir ningún efecto, inútil, sino que *debe* alcanzar su propósito y lo que a él le agrada y así prosperará en aquello para lo cual él la envió (Isaías 55:11). ¡Aleluya!

Dios *no* nos borra de sus pensamientos y caminos, porque tenemos su Palabra, su promesa. Dios nos enseña que lo llamemos, y él nos contestará y nos mostrará cosas grandes y poderosas (Jeremías 33:3). La oración debe ser estimulante, no aburrida.

Es necesario que alguien ore. Dios se mueve mientras oramos en fe, creyendo. Él dice que sus ojos contemplan toda la tierra para mostrarse fuerte a favor de los que tienen un corazón perfecto para con él (2 Crónicas 16:9). Somos sin mancha (Efesios 1:4). Somos sus hijos (Efesios 1:5). Somos justicia de Dios en Cristo Jesús (2 Corintios 5:21). Él dice que nos acerquemos confiadamente ante el trono de su gracia, para alcanzar misericordia y hallar gracia para el oportuno socorro en tiempo de necesidad (Hebreos 4:16). ¡Alabado sea el Señor!

La armadura de la oración es para todo creyente, para cada miembro del cuerpo de Cristo, que se la pondrá y caminará con ella, porque las armas de nuestra milicia no son carnales, sino poderosas en Dios para la destrucción de las fortalezas del enemigo [Satanás, el dios de este mundo y todas sus fuerzas demoníacas]. (2 Corintios 10:4; Efesios 6:12,18.)

Hay muchos tipos diferentes de oración, como la oración de acción de gracias y alabanza, la oración de dedicación y adoración y la oración que cambia las cosas (no a Dios). Todas las oraciones involucran un tiempo de compañerismo con el Padre.

En Efesios 6 se nos enseña a tomar la espada del Espíritu, que es la Palabra de Dios: **Oren en el Espíritu en todo momento con [toda clase de] peticiones y ruegos** (Efesios 6:18, NVI).

En 1 Timoteo 2 se nos exhorta e insta a que **se hagan rogativas, oraciones, peticiones y acciones de gracia, por todos los hombres** (1 Timoteo 2:1). *Orar es nuestra responsabilidad.*

La oración debe ser el fundamento de cada empresa cristiana. Cualquier fracaso es un fracaso de oración. No debemos ser ignorantes respecto a la Palabra de Dios. Dios desea que su pueblo sea exitoso, lleno de un conocimiento pleno, profundo y claro de su voluntad (su Palabra) y que lleve fruto de toda buena obra (Colosenses 1:9-13).

Entonces traemos honor y gloria a su nombre (Juan 15:8). Él desea que sepamos cómo orar, porque **la oración de los rectos es su gozo** (Proverbios 15:8).

Nuestro Padre no nos dejó impotente. No solo nos dio su Palabra, sino que también nos envió al Espíritu Santo para ayudarnos en nuestra debilidad cuando no sabemos cómo debemos orar (Romanos 8:26). ¡Alabado sea Dios! Nuestro Padre ha provisto a su pueblo con todas las posibilidades para asegurar su completa y total victoria en esta vida en el nombre de nuestro Señor Jesucristo (1 Juan 5:3-5).

¡Oramos al Padre, en el nombre de Jesús, a través del Espíritu Santo, de acuerdo con la Palabra!

Utilizar la Palabra de Dios con propósito, específicamente, en oración, es uno de los medios de la oración, y es el más efectivo y preciso. Jesús dijo: **Las palabras (verdades) que yo os he hablado son espíritu y son vida** (Juan 6:63).

Cuando Jesús enfrentó a Satanás en el desierto, le dijo: «Escrito está ... escrito está ... escrito está». Con cada palabra que sale de la boca de Dios viviremos, nos sostendremos y nos mantendremos (Mateo 4:4).

Santiago, por el Espíritu, nos exhorta diciéndonos: «No tenéis lo que deseáis, porque no pedís. Pedís, y no recibís, porque pedís mal» (Santiago 4:2,3). Debemos prestar atención a estas exhortaciones ahora, porque seremos transformados en expertos en la oración: «Que usa bien la palabra de verdad» (2 Timoteo 2:15).

Usar la Palabra en oración no es sacarla del contexto, porque su Palabra en nosotros es la clave para la oración contestada, la oración que tiene resultado. Él es poderoso para hacer todas la cosas mucho más abundantemente de lo que pedimos o entendemos, por el poder que actúa en nosotros (Efesios 3:20). El poder descansa en la Palabra de Dios. Está ungida por la Palabra, porque la Palabra es el Espíritu de Dios. Aplicamos esta Palabra —a nosotros mismos y a otros— sin agregar ni quitar de ella, en el nombre de Jesús. Aplicamos la Palabra al *aquí* y al *ahora*, a aquellas cosas, circunstancias y situaciones que cada uno enfrentamos.

Pablo era muy específico y definido en sus oraciones. Los primeros capítulos de Efesios,

Filipenses, Colosenses y 2 Tesalonicenses son ejemplos de cómo Pablo oraba por los creyentes. Hay muchos otros. *Búsquelos.* Pablo escribió inspirado por el Espíritu Santo. ¡Hoy podemos usar estas oraciones que el Espíritu Santo nos dio!

En 2 Corintios 1:11, 2 Corintios 9:14 y Filipenses 1:4, vemos ejemplos de cómo los creyentes oraban los unos por los otros, con gozo poniendo a los otros primero en su lista de oración. Nuestra fe obra por el amor (Gálatas 5:6). Crecemos espiritualmente a medida que nos extendemos para alcanzar a otros, orando por y con ellos, mostrándoles la Palabra de Vida (Filipenses 2:16).

El hombre es espíritu, tiene un alma y vive en un cuerpo (1 Tesalonicenses 5:23). Para funcionar con éxito cada una de estas partes se debe alimentar correctamente. El alma, o el intelecto, se alimenta de comida espiritual para producir fortaleza intelectual. El cuerpo se alimenta de comida física para producir fortaleza física. El espíritu, el corazón u hombre interior, es realmente usted, la parte que volvió a nacer en Cristo Jesús. Se debe alimentar con comida espiritual, que es la Palabra de Dios, para producir y desarrollar fe. Al alimentarnos con la Palabra de Dios, nuestras mentes se renuevan con su Palabra y tenemos una actitud mental y espiritual nuevas (Efesios 4:23,24).

De la misma manera, debemos presentar nuestros cuerpos en sacrificio vivo, santo, agradable a Dios (Romanos 12:1) y no dejar que el cuerpo nos domine, sino traerlo a la sujeción del espíritu del hombre (1 Corintios 9:27). La Palabra de Dios es sanidad y salud para todo el cuerpo (Proverbios 4:22).
Por lo tanto, la Palabra de Dios afecta cada parte nuestra: Espíritu, alma y cuerpo. Venimos a estar vitalmente unidos al Padre, a Jesús y al Espíritu Santo, somos uno con ellos (Juan 16:13-15; Juan 17:21; Colosenses 2:10).

Propóngase oír, aceptar y recibir la Palabra y echará raíces en su espíritu y salvará su alma. Crea en la Palabra, hable la Palabra y actúe en la Palabra, es una fuerza creativa. La Palabra es una espada de doble filo. Muchas veces demandará que usted cambie su actitud y conducta hacia la persona por la cual está orando.

Sea hacedor de la Palabra, y no tan solamente oidor, engañándose a usted mismo (Santiago 1:22). La fe sin obras, o acciones correspondientes, está muerta (Santiago 2:17). No sea alguien que aprueba mentalmente, los que creen que la Biblia es verdad pero nunca actúan en consecuencia. *La verdadera fe es actuar en la Palabra ahora.* No podemos construir fe sin practicar la Palabra. No podemos desarrollar una vida de oración efectiva con solo palabras vacías, excepto si la Palabra de Dios realmente forma parte de nuestras vidas. Debemos aferrarnos a nuestra confesión de las verdades de la Palabra. Nuestro Señor Jesús es el Sumo Sacerdote de nuestra confesión (Hebreos 3:1), y es la garantía de un mejor pacto, un pacto más conveniente y ventajoso (Hebreos 7:22).

La oración no hace que la fe funcione, pero la fe hace que la oración funcione. Por lo tanto, cualquier problema de oración es una falta de conocimiento o un problema de duda.

Si nuestros corazones no están preparados de antemano, podemos pasar horas infructuosas orando. La preparación del corazón y del espíritu viene de la meditación en la Palabra del Padre, meditar en quiénes somos en Cristo, quién es Él para nosotros y qué significa el Espíritu Santo para nosotros al convertirnos en personas con la mente de Cristo. Como Dios le dijo a Josué, de día y de noche meditarás en la Palabra para que guardes y hagas conforme a todo lo que en ella está escrito; porque entonces harás prosperar tu camino y todo te saldrá bien (Josué 1:8). Debemos estar atentos a la Palabra de Dios, someternos a sus dichos, mantenerlos en el centro de nuestro corazón y alejar toda iniquidad de nuestros labios (Proverbios 4:20-24).

El Espíritu Santo es el ayudante divino, y dirigirá nuestra oración y nos ayudará a orar cuando no sabemos cómo hacerlo. Usar la Palabra de Dios en oración no es pronunciar palabras apuradas y ya terminar. No se equivoque. No hay nada «mágico» ni «manipulador» en esto, no hay un patrón predeterminado o dispositivo para satisfacer lo que queremos o lo que piensa nuestra carne. En lugar de esto, levantamos la Palabra de Dios frente a él. Jesús dijo que debemos pedir al Padre en su nombre.

Esperamos su intervención divina mientras escogemos no las cosas que se ven, sino las que no se ven; pues las cosas que se ven son temporales (2 Corintios 4:18).

La oración basada en la Palabra de Dios va más allá de los sentidos, nos comunica con el autor de la Palabra y pone sus leyes espirituales en movimiento. No debemos decir oraciones que solo produzcan resultados, sino que debemos invertir tiempo con el Padre, aprender su sabiduría, utilizar su fortaleza, tener la plenitud de su quietud y dejarse envolver por su amor para traer resultado a las oraciones. ¡Alabado sea el Señor!

Las oraciones en este libro se diseñaron para enseñarnos y prepararnos en el arte de orar. Al orarlas, usted fortalecerá la armadura de oración que Efesios 6:11 nos enseña a usar. La Palabra de Dios es la tela de la cual está hecha la armadura. Debemos vivir de cada palabra que sale de la boca de Dios. Deseamos todo el consejo de Dios porque sabemos que nos cambia. Al recibir ese consejo, seremos **transformados [cambiados] mediante la renovación de su mente. Así podrán comprobar [por ustedes mismos] cuál es la voluntad de**

Dios, buena, agradable y perfecta [para ustedes, según sus ojos] (Romanos 12:2, NVI).

Las oraciones sobre temas personales se pueden usar como intercesión por otros, simplemente orándolas en tercera persona, cambiando el pronombre *yo* o *nosotros* por el nombre(s) de la(s) persona(s) por las cuales está intercediendo, y ajustar los verbos correspondientes. El Espíritu Santo es su Ayudante. Recuerde que usted no puede controlar la voluntad de otros, pero sus oraciones preparan el camino para que el individuo escuche y entienda la verdad.

Una pregunta muy frecuente es «¿Cuántas veces debo orar la misma oración?»

La respuesta es simple: Ore hasta que la respuesta esté firme en su corazón. Después de eso, necesita repetir la oración cada vez que las circunstancias adversas o largas demoras lo tienten a dudar que su oración se escuchó y se concedió la petición.

La Palabra de Dios es su arma contra la tentación de perder su entusiasmo y comenzar a debilitarse en su vida de oración. Cuando las promesas de la Palabra están firmes en su corazón, usted alabará y dará gloria a Dios por su respuesta, aunque la única evidencia que tenga de esa respuesta sea su propia fe. Reafirmar su fe pone en acción la victoria y el triunfo de nuestro Señor Jesucristo.

Otra pregunta frecuente: «Cuando repetimos una oración más de una vez, ¿no estamos orando "vanas repeticiones"?»

Obviamente, estas personas están pensando en las amonestaciones de Jesús cuando les dijo a sus discípulos: **Cuando estés orando, no te pongas a estar repitiendo la misma oración, como los paganos, que piensan que si repiten las oraciones varias veces Dios va a contestar enseguida** (Mateo 6:7, LBD). Orar la Palabra de Dios no es orar el tipo de oración que oran los «paganos». Usted notará en 1 Reyes 18:25-29 el tipo de oración que se ofrecía a los dioses que no podían escuchar. Esa no es la forma en que usted y yo oramos. Las palabras que oramos no son vanas, sino que son espíritu y vida, y poderosas en Dios para derribar fortalezas. Tenemos un Dios cuyos ojos están sobre los justos y cuyos oídos están atentos a nosotros: Cuando oramos, él nos oye.

Usted es la justicia de Dios en Cristo Jesús y sus oraciones tendrán poder. Traerán salvación al pecador, libertad al oprimido, sanidad al enfermo y prosperidad al pobre. Ellas lo guiarán hacia el próximo movimiento de Dios en la tierra. Además de influir circunstancias externas y a otras personas, sus oraciones también lo afectarán a usted.

En el proceso de orar, su vida cambiará mientras va de fe en fe y de gloria en gloria.

Como cristiano, su primera prioridad es amar al Señor su Dios con todo su corazón y a su prójimo como a usted mismo. Usted es llamado a ser un intercesor, un hombre o una mujer de oración. Usted debe buscar el rostro del Señor al inquirir, escuchar, meditar y considerar en el templo del Señor.

La voluntad del Señor para su vida es la misma para cada vida de todos los «escogidos de Dios»: **Mas buscad primeramente el reino de Dios y su justicia, y todas estas cosas os serán añadidas** (Mateo 6:33).

Confesión personal

Jesús es el Señor sobre mi espíritu, alma y cuerpo (Filipenses 2:9-11).

Jesús me ha sido hecho sabiduría, justificación, santificación y redención. Todo lo puedo en Cristo que me fortalece (1 Corintios 1:30, Filipenses 4:13).

El Señor es mi pastor; nada me faltará. Mi Dios, pues, suplirá todo lo que os falta conforme a sus riquezas en gloria en Cristo Jesús (Salmo 23, Filipenses 4:19).

Por nada estéis afanosos. Depositen en él toda ansiedad, porque él cuida de ustedes (Filipenses 4:6, 1 Pedro 5:7, NVI).

Soy el cuerpo de Cristo. Estoy redimido de la maldición porque Jesús tomó nuestras enfermedades y llevó nuestros pecados en su cuerpo. Por sus llagas fui curado. Prohíbo que en mi cuerpo opere dolencia o enfermedad. Cada órgano y cada tejido de mi cuerpo funciona en la perfección en la cual Dios los creó para que funcionaran. Honro a Dios y traigo gloria a su nombre con mi cuerpo (Gálatas 3:13; Mateo 8:17; 1 Pedro 2:24; 1 Corintios 2:16).

Tengo la mente de Cristo y tengo los pensamientos, sentimientos y propósitos de su corazón (1 Corintios 2:16).

Soy un creyente y no alguien que duda. Me aferro a mi confesión de fe. Decido caminar por fe y practicar la fe. Mi fe viene por el oír y el oír, por la Palabra de Dios. Jesús es el autor y consumador de mi fe (Hebreos 4:14, 11:6; Romanos 10:17; Hebreos 12:2).

El Espíritu Santo derramó el amor de Dios en mi corazón y su amor mora en mí abundantemente. Me mantengo en el reino de la luz, en amor, en la Palabra; y el maligno no me toca (Romanos 5:5; 1 Juan 4:16, 5:18).

Piso sobre las serpientes y los escorpiones y sobre todo el poder del enemigo. Tomo mi escudo de la fe y apago los dardos de fuego. Mayor es el que está conmigo que el que está en el mundo (Salmo 91:13; Efesios 6:16; 1 Juan 4:4).

Soy liberado del presente siglo malo. Estoy sentado con Cristo en los lugares celestiales. Vivo en el Reino de su amado Hijo. La ley del Espíritu de vida en Cristo Jesús me libera de la ley del pecado y de la muerte (Gálatas 1:4; Efesios 2:6; Colosenses 1:13; Romanos 8:2).

No temo porque Dios me ha dado espíritu de poder, de amor y de dominio propio. Dios es por nosotros (2 Timoteo 1:7; Romanos 8:31).

Oigo la voz del Buen Pastor. Oigo la voz de mi Padre y no seguiré la voz del extraño. Presento mi trabajo delante del Señor. Lo consagro y confío totalmente a él. Él hará que mis pensamientos sean agradables a su voluntad, y mis planes serán afirmados y exitosos (Juan 10:27; Proverbios 16:3).

Yo venzo al mundo porque soy nacido de Dios. Represento la voluntad del Padre y la de Jesús. Soy un miembro útil del cuerpo de Cristo. Soy hechura suya, recreado en Cristo Jesús. Porque mi Padre Dios es quien produce en mí el querer hacer su voluntad y aquello que lo complace (1 Juan 5:4,5; Efesios 2:10; Filipenses 2:13).

Dejo que la Palabra more en mí abundantemente. Aquel que comenzó la buena obra la continuará hasta el día de Jesucristo (Colosenses 3:16; Filipenses 1:6).

Primera Parte:

Oraciones por asuntos personales

Al comenzar cada día

Padre, como__________________________ (*dueño, presidente, presidente de la junta, administrador, supervisor)* de______________________(nombre de la compañía), vengo delante de ti con regocijo, porque este es el día que tú hiciste y me voy a regocijar en él. Obedecer es mejor que hacer sacrificios, por lo tanto, hoy estoy decidido a someterme a tu voluntad, que mis planes y propósitos se conduzcan de manera tal que traigan gloria y honor a tu nombre. Haz que esté espiritual y mentalmente alerta en este tiempo de meditación y oración.

Dejo mi familia a tu cuidado, mis padres, esposa, hijos y nietos sabiendo que tú serás capaz de guardarlos para aquel día. Gracias por los ángeles a los que tú me has encomendado, a mí y a mi familia, para que nos guarden en todos nuestros caminos. Ellos nos levantarán en sus manos para que no tropiece nuestro pie en piedra.

Gracias, Señor, por el tremendo éxito que mis asociados y yo experimentamos en nuestra organización, y por el incremento en las ganancias y en la productividad que estamos disfrutando. Gracias por tu fidelidad para con nosotros día a día, y por ayudarnos a convertirnos en lo que tú deseas que seamos.

Gracias, Padre, por ayudarnos a ser una compañía que continúa creciendo y expandiéndose. Reconocemos que esto no sería posible sin tu ayuda. Sin tu guía y dirección estaríamos fracasados; con ella podemos prosperar y tener éxito. Te sigo agradeciendo las muchas bendiciones que has derramado sobre nosotros.

Especialmente te agradezco los colaboradores con los que estaré interactuando hoy. Dame palabras de sabiduría, palabras de gracia, que yo pueda animarlos y edificarlos.

Padre, me arrodillo delante de ti, de quien recibe nombre toda familia en el cielo y en la tierra. Te pido que, por medio del Espíritu y con el poder que procede de tus gloriosas riquezas, los fortalezcas en lo íntimo de su ser para que mediante la fe, Cristo habite en sus corazones.

Y a Aquel que puede hacer muchísimo más de todo lo que podamos imaginarnos o pedir, por el poder que obra eficazmente en nosotros, ¡a él sea la gloria en esta compañía y en Cristo Jesús por todas las generaciones, por los siglos de los siglos! En el nombre de Jesús. Amén.

Referencias bíblicas

Salmo 118:24
1 Samuel 15:22
2 Timoteo 1:12
Salmo 91:11,12
Lamentaciones 3:22,23
Josué 1:8
Efesios 3:14-17
Efesios 3:20

Conocer la voluntad de Dios

Padre, te doy gracias porque me instruyes y me enseñas el camino por el que debo ir y porque me guías con tus ojos. Te agradezco tu guía y tu dirección concernientes a tu voluntad, tu plan y propósito para mi vida. Escucho la voz del Buen Pastor, porque te conozco y sigo tu voz. Me guías por sendas de rectitud por amor de tu nombre.

En el nombre de Jesús, rehúso conformarme a este mundo (esta época), [a seguir la moda y adaptarme a sus costumbres externas superficiales], sino que me someto a la transformación por medio de la (total) renovación de mi entendimiento [por sus nuevos ideales y su nueva actitud], para que pueda comprobar [por mí mismo] cuál es tu voluntad, agradable y perfecta, incluso lo que es bueno, aceptable y perfecto para mí [a tus ojos].

Gracias, Padre, porque mi camino se ilumina más y más, hasta alcanzar la plena luz del día. Creo, Señor, que a medida que te sigo mi camino se aclara cada día.

Gracias, Padre, porque Jesús fue hecho para mi sabiduría. La confusión no es parte de mi vida. No estoy confundido acerca de tu voluntad hacia mí. Confío en ti y no me apoyo en mi propio entendimiento. Al reconocerte en todos mis caminos, tú diriges mi senda. Creo que al confiar en ti plenamente, me mostrarás el camino de la vida.

Gracias, Padre, en el nombre de Jesús. Amén.

Referencias bíblicas

Salmo 32:8
Juan 10:3,4
Salmo 23:3
Romanos 12:2
Proverbios 4:18
1 Corintios 1:30
Proverbios 3:5,6
Salmo 16:11

Equipado para el éxito

Padre, te doy gracias porque la llegada de tu Palabra trae luz. Te agradezco que la Palabra que tú hablas (y que yo hablo) está viva y llena de poder [haciéndola activa, operativa, enérgica y efectiva].

Te agradezco, Padre, porque me has dado [un espíritu] de poder y de amor, y una mente calmada y bien equilibrada, disciplina y autocontrol. Tengo tu poder, habilidad y suficiencia, porque me capacitaste [haciéndome adecuado, valioso y suficiente] como ministro y dispensador de un nuevo pacto [de salvación a través de Cristo].

En el nombre de Jesús, camino fuera del campo del fracaso hacia la tierra del éxito, dándote gracias, Padre, porque me preparaste y me diste el derecho de compartir la porción que es herencia de todos los santos (tu pueblo santo) en la luz.

Padre, tú me sacaste fuera del control y el dominio de la oscuridad (fracaso, duda, miedo) y me trasladaste al Reino de tu Hijo amado.

Alabo a Dios, Padre de mi Señor Jesucristo, que me bendijo con toda bendición en los cielos, porque pertenezco a Cristo. Tu divino poder me ha dado todo lo que necesito para vivir y la santidad a través de Aquel que me llamó por su gloria y bondad. Me alegro en Jesús, quien vino para que tenga vida y la tenga en abundancia.

Soy una nueva creación porque estoy (injertado) en Cristo, el Mesías. Lo viejo [mi moral y condición espiritual anterior] pasó. ¡Mira, llegó lo fresco y nuevo! Me olvido de las cosas que quedaron atrás y me extiendo hacia las que están por delante. Estoy crucificado con Cristo: Sin embargo, vivo, pero ya no yo, sino que Cristo vive en mí; y lo que vivo ahora en la carne lo vivo en la fe del Hijo de Dios, quien me amó y se entregó a sí mismo por mí.

Padre, presto atención a tu Palabra. Consiento y me someto a tus dichos. Tu Palabra no se apartará de mis ojos, la mantendré en el centro de mi corazón. Porque son vida (éxito) para mí, salud y sanidad para toda mi carne. Guardaré mi corazón con toda diligencia, por sobre toda cosa guardada, porque de él mana la vida.

No dejaré que la misericordia, la bondad y la verdad me abandonen. Las ataré a mi cuello; las escribiré en las tablas de mi corazón. Por lo tanto, encontraré favor y tendré buena fama a la vista [o juicio] de Dios y de los hombres.

Padre, mi delicia y deseo está en tu ley, y en ella medito habitualmente (reflexiono y estudio) de día y de noche. Por eso soy como un árbol junto a corrientes de aguas, listo para llevar mi fruto en mi tiempo; mi hoja tampoco se caerá ni se secará; y todo lo que haga prosperará [y madurará].

Ahora, gracias sean dadas a ti, Padre, ¡que siempre haces que triunfe en Cristo!

Oro en el nombre de Jesús, amén.

Referencias bíblicas

Salmo 119:130
Hebreos 4:12
2 Timoteo 1:7
2 Corintios 3:5
Colosenses 1:12,13
Efesios 1:3
2 Pedro 1:3
Juan 10:10
2 Corintios 5:17
Filipenses 3:13
Gálatas 2:20
Proverbios 4:20-23
Proverbios 3:3,4
Salmo 1:2,3
2 Corintios 2:14

Establecer las prioridades correctas

Padre, demasiadas veces dejo que la urgencia maneje mis horarios y te pido que me ayudes a establecer prioridades en mi trabajo. Confieso mi debilidad* de postergación y la falta de organización. Mi deseo es llevar una vida de valor, propósito y exactitud como una persona sabia, sensible e inteligente.

Tú me diste una semana de siete días, seis días para trabajar y el séptimo de descanso. Deseo aprovechar al máximo mi tiempo [cada oportunidad]. Ayúdame a planear bien mi día y a mantenerme enfocado en mis tareas.

En el nombre de Jesús, destruyo toda filosofía retorcida concerniente al uso del tiempo, tiro abajo toda barrera erigida contra la verdad de Dios, someto todo pensamiento, emoción e impulso a la estructura de vida modelada por Jesús. Limpio mi mente de toda obstrucción y edifico mi vida de obediencia hacia la madurez.

**Si usted no conoce sus fortalezas y debilidades, pídale al Espíritu Santo que se las revele.*

El Señor nos dice: «Te basta mi gracia, pues mi poder se perfecciona en la debilidad» (2 Corintios 12:9 NVI)

Padre, tú estás a cargo de mi trabajo y de mis planes. Yo planeo la manera en que quiero vivir, pero solo tú haces posible que pueda vivirla. Ayúdame a organizar mis esfuerzos, ordena mis actividades y ayúdame a distribuir mi tiempo.

Jesús, tú quieres que me relaje. Te complace no verme preocupado por adquirir cosas, de forma que puedo responder a las dádivas de Dios. Te conozco, Padre Dios, y sé cómo trabajas. Sumerjo mi vida en la realidad, la iniciativa y la provisión de Dios.

Por la gracia que me fue dada, no me preocuparé por perderme algo, y mis necesidades humanas cotidianas serán satisfechas. Propongo en mi corazón buscar (tenerlo como meta y esforzarme por alcanzar) en primer lugar tu Reino, Señor, tu justicia [tu forma de hacer y estar en lo correcto], y todas las demás cosas me serán añadidas.

Padre, tu Palabra es mi brújula, y me ayuda a ver mi vida como completa en Cristo. Deposito todas mis preocupaciones y ansiedades sobre ti, para que pueda estar bien equilibrado (sobrio de mente, templado), vigilante y prudente en todo momento.

Afino mis oídos a la palabra de sabiduría y dispongo mi corazón a una vida de comprensión. Hago el discernimiento mi prioridad.

Padre, tú enviaste a Jesús para que yo pudiera tener vida y tenerla en abundancia. Ayúdame a recordar que mi relación contigo y con los demás es más importante que cualquier otra cosa. Amén.

Referencias bíblicas

Efesios 5:15-16
2 Corintios 10:5-6
Mateo 11:29
1 Pedro 5:7-8
Juan 10:10
Génesis 2:2
Proverbios 16:3,9
Colosenses 2:10
Proverbios 2:3

Asegurar el éxito de un negocio

Padre, vengo delante de ti con gratitud. Me preparaste y me hiciste apto para participar de la herencia de los santos (tu pueblo) en luz. Padre, tú me sacaste del poder de la oscuridad y me trasladaste al reino de tu Hijo amado.

Como te conozco mejor, me darás a través de tu gran poder todo lo que necesito para vivir una vida realmente buena. ¡Hasta compartes tu gloria y bondad conmigo! Y por el mismo poder me diste todas las demás riquezas y bendiciones que has prometido. Por ejemplo, la promesa de salvarme de la lujuria y de la maldad que me rodea, y de darme tu carácter.

Me sacaste fuera del poder de la oscuridad trasladándome al reino de tu Hijo amado.

Hay luz y entendimiento donde está tu Palabra. Tu Palabra no vuelve a ti vacía, sino que siempre logra lo que se le envió a hacer.

Soy coheredero con Jesús, y como tu hijo/a, acepto que la comunicación de mi fe es efectiva por el reconocimiento de cada cosa buena que hay en mí en Cristo Jesús.

Padre, te encomiendo mis tareas (los planes y preocupaciones de mi negocio), confiándotelos por completo. Ya que estás trabajando en mí [haciendo que mis pensamientos concuerden con tu voluntad] para que mis planes (negocio) puedan realizarse y tener éxito.

En el nombre de Jesús, me someto a todo tipo de sabiduría y entendimiento (perspicacia y prudencia) que tú generosamente has puesto en mí de acuerdo con la riqueza y generosidad de tu gracia.

Padre, afirmo que obedezco tu Palabra al ganarme la vida honradamente con mis manos de manera que pueda dar a otros que están en necesidad. En tus fuerzas y de acuerdo con tu gracia proveo para mi familia y para mí.

Gracias a ti, Padre, por hacer que toda gracia (cada favor y bendición terrenal) vengan sobre mí en abundancia, para que yo, teniendo suficiente en todas las cosas, pueda abundar en toda buena obra.

Padre, te agradezco por los espíritus ministradores que asignaste para que vayan y ministren en mi favor y traigan negocios. Jesús dijo que aquellos que ponen su fe y su confianza en Él son la luz del mundo. En su nombre mi luz brillará delante de todo hombre para que puedan ver mis buenas obras y te glorifiquen, mi Padre celestial.

Te agradezco la gracia de permanecer diligente en la búsqueda de conocimiento y capacidad en las áreas en que soy inexperto. Te pido sabiduría y habilidad para entender corrección, justicia y trato justo (en cada área y relación). Afirmo que soy fiel y estoy comprometido con tu Palabra. Mi vida y mi negocio están basados en estos principios.

¡Gracias, Padre, por el éxito de mi negocio!

En el nombre de Jesús, amén.

Referencias bíblicas

Colosenses 1:12
Colosenses 1:13
2 Pedro 1:3-5
Salmo 119:130
Isaías 55:11
2 Corintios 6:16,18
Filemón 6
Proverbios 16:3
Filipenses 2:13
Efesios 1:7,8
Efesios 4:28
1 Timoteo 5:8
2 Corintios 9:8
Hebreos 1:14
Mateo 5:14,16
Proverbios 22:29
Proverbios 2:9
Proverbios 4:20-22

Disfrutar de prosperidad

Padre, en el nombre de tu Hijo, Jesús, en este día confieso tu Palabra sobre mis finanzas. Al hacerlo, lo digo con mi boca y lo creo con mi corazón y creo que tu Palabra no volverá vacía, sino que hará lo que fue enviada a hacer.

Por lo tanto, creo en el nombre de Jesús que mis necesidades están satisfechas de acuerdo a Filipenses 4:19. Creo que por haber dado diezmos y ofrendas para la extensión de tu obra, Padre, se me dará a mí; medida llena, apretada, sacudida y desbordante volcarán en mi regazo. Porque con la medida con la que mido seré medido.

Padre, tú me sacaste del poder de la oscuridad y me enviaste al reino de tu amado Hijo, donde tomé mi lugar como tu hijo. Gracias por tomar tu lugar como mi Padre y por hacer tu hogar conmigo. Tú me cuidas e incluso ahora me permites caminar en amor, en sabiduría y en una relación plena con tu Hijo.

Padre, te doy gracias porque tus espíritus ministradores ahora están libres para ministrar a mi favor y conseguirme las finanzas necesarias.

Te confieso que tú eres nuestro pronto auxilio en las tribulaciones y que eres más que suficiente. Tú puedes hacer que toda gracia (cada favor y bendición terrenal) venga sobre mí en abundancia, para que siempre y en toda circunstancia (esté preparado para abundar en toda buena obra y donación caritativa).

Gracias, Señor, en el nombre de Jesús. Amén.

Referencias bíblicas

Isaías 55:11	2 Corintios 6:16,18
Filipenses 4:19	Mateo 18:18
Marcos 10:29,30	Hebreos 1:14
Lucas 6:38	Salmo 46:1
Colosenses 1:13	2 Corintios 9:8

NOTA AL LECTOR

La oración anterior libera la luz de la Palabra de Dios en la tierra y a usted lo prepara para enfrentar todas las estrategias del enemigo. Usted es fuerte en el Señor y en el poder de Su fuerza; vestido con la armadura de Dios y con la ayuda del Espíritu Santo está listo para cumplir la triunfante victoria que Jesús ganó en el Calvario.

Sométase a la voluntad de Dios y resista a Satanás. Cuando Satanás lo tiente para que se preocupe y dude, usted tiene armas de guerra que son poderosas en Dios para derribar fortalezas. Alabe al Señor con voz de triunfo, y enfrente al enemigo declarando: «Escrito está...» como lo hizo Jesús en el capítulo cuatro de Lucas.

Un arma de la guerra espiritual es la Palabra de Dios en su boca. Otra es la alabanza. Ponga su atención en las cosas espirituales. Mantenga su mente enfocada con grandes expectativas en las respuestas. Cautive sus pensamientos y tráigalos a la obediencia de la Palabra. No le preste excesiva atención al diablo. La oración que sigue es un ejemplo de cómo aplicar la victoria que Jesús ganó para usted cuando venció a Satanás e hizo pública su derrota (Colosenses 2:15).

ORACIÓN

Padre, te agradezco la obra terminada en el Calvario. Jesús dijo que las puertas del infierno no prevalecerán contra la iglesia, y yo soy un miembro de tu cuerpo, la iglesia, vestido con la armadura de Dios. El consejo de Satanás no puede prevalecer, porque Jesús es mi Señor.

Dígale a sus dudas: Está escrito y creo que mi Dios suplirá todo lo que necesito conforme a sus riquezas en gloria en Cristo Jesús.

Destituya sus temores: Está escrito que mi Dios me da semilla para sembrar, y que yo doy diezmos y ofrendas, trayéndolos al alfolí. Él reprime al destructor por mi causa, y soy bendecido en el mercado.

Dígale a sus preocupaciones: ¡Grande es el Señor, quien se deleita en el bienestar de sus siervos! Mi lengua proclamará su bondad y su alabanza todo el día.

Mis emociones no controlarán ya mis hábitos de consumo. Elijo estar equilibrado y en el nombre de Jesús ato mis emociones al control del Espíritu Santo. Resisto al diablo y destruyo la fortaleza de la negación. La verdad me capacita para hablar sinceramente, para hacer tratos justos y vivir con sinceridad en todos los aspectos de mi vida. Busco y me someto al santo consejo y recibo conocimiento, sabiduría y buen entendimiento para administrar mis finanzas.

Tú lo has visto, oh Jehová; no calles. Señor, no te alejes de mí. Muévete y despierta para hacerme justicia, Dios mío y Señor mío, para defender mi causa. Que todos aquellos que quieran defraudarme, engañarme o estafarme sean avergonzados y confundidos. Ato al hombre fuerte y le ordeno que devuelva todo lo que me robó.

Padre, tú me liberaste de la autoridad de las tinieblas y me trasladaste al reino de tu amado Hijo. Ahora soy bendecido con toda bendición espiritual en los lugares celestiales en Cristo Jesús, mi Señor. Busco primero el Reino de Dios y su justicia, y todas las cosas vendrán por añadidura.

¡En la autoridad de tu Palabra, declaro el señorío de Jesucristo sobre mis finanzas, mis ofrendas, mis gastos, mis ahorros y mis inversiones!

¡Toda la gloria sea para mi Dios y Padre por los siglos de los siglos, amén!

Referencias bíblicas

Mateo 16:18
Efesios 6
Filipenses 4:19
2 Corintios 9:10
Malaquías 3:10,11
1 Pedro 5:8
Santiago 4:7
2 Corintios 10:3-6
Efesios 4:17
Salmo 35:22-28
Colosenses 1:13
Efesios 1:13
Mateo 6.33

Buscar favor para los demás

Padre, que el rostro del Señor resplandezca y me ilumine, eres bondadoso (considerado y generoso) para conmigo. Soy cabeza y no cola, estoy por encima y no por debajo.

Gracias por derramar tu favor sobre mí porque busco tu Reino y tu justicia y diligentemente busco el bien. Soy una bendición para ti, Señor, y una bendición para_____________________*(nómbrelos: familia, vecinos, socios, etc.)* La gracia (favor) está conmigo porque amo al Señor Jesús con sinceridad.

Tú extiendes favor, honor y amor hacia mí, y yo navego en tu amor, Padre. Derramas tu espíritu de gracia sobre mí. Me coronas de gloria y honor, porque soy tu hijo, obra de tus manos.

Tengo éxito porque soy muy especial para ti, Señor. Estoy creciendo en ti, fuertemente unidos en espíritu.

Padre, tú me diste conocimiento y habilidad en todo aprendizaje y sabiduría. Me has llevado a encontrar favor, compasión y gentileza con ______ *(nombres)*. Obtengo el favor a la vista de todos los que me miran, en el nombre de Jesús.

Estoy lleno de tu plenitud, arraigado y cimentado en amor. Tú respondes con abundancia a todo lo que pido o pienso, porque tu gran poder está tomando control de mi vida.

Gracias, Padre, estoy creciendo en favor para contigo y los hombres.

Oro en el nombre de Jesús, amén.

Referencias bíblicas

Números 6:25	Efesios 2:10
Deuteronomio 28:13	Lucas 2:40
Mateo 6:33	Daniel 1:17
Proverbios 11:27	Daniel 1:9
Efesios 6:24	Ester 2:15
Zacarías 12:10	Efesios 3:17,19,20
Salmo 8:5	Lucas 2:52

Protección para el viaje

Padre, declaro tu Palabra sobre mis planes de viaje y sé que tu Palabra no regresa vacía, sino que realiza lo que fue enviada a hacer. Te doy gracias por moverte con rapidez para realizar tu Palabra y cumplir tus promesas.

Al prepararme para viajar, me regocijo en las promesas que tiene tu Palabra para protección y seguridad de los justos. Solo tú, Padre, me haces vivir confiado. Confío en ti y descanso en tu protección. Si debo enfrentar cualquier problema o tribulación, correré a ti, Señor, mi torre fuerte y refugio en tiempos de necesidad. Creo en tu Palabra escrita, y por eso, en el nombre de Jesús declaro paz, seguridad y éxito sobre mis planes de viaje.

Porque soy tu hijo, la senda de mi viaje está resguardada y hay ángeles sobre mí y alrededor de los medios de transporte. Seguiré con mis planes de viaje sin miedo a accidentes, a problemas ni a ningún tipo de frustración. Tengo tu paz y mientras viajo no le daré lugar al miedo. Tú, Padre, líbrame de todo mal y preservame para tu Reino.

Confío en que mis planes no serán trastocados ni confundidos.

Gracias, Padre, porque en cada situación encuentro que estás presente para protegerme. No importa qué medios escoja para viajar, tú me rediniste y me protegerás. La tierra y todas las cosas que hay en ella están bajo tu mandato. Tú eres mi Padre celestial, yo soy tu hijo. A través de mi fe en ti, tengo poder para hollar serpientes y poder sobre todo enemigo. Ninguna comida ni bebida me hará daño mientras estoy fuera de casa. No importa a donde vaya, estoy protegido.

Padre, en esta situación te doy la gloria a ti. Gracias porque a medida que mantengo tu camino delante de mí, estaré a salvo. Tu misericordia está sobre mí y mi viaje será seguro. Ni un cabello de mi cabeza sufrirá daño.

Gracias, Padre, porque siempre me sostienes con la diestra de tu justicia. Mereces, mi Señor y Dios, recibir toda la gloria, honor y poder, porque tú eres el hacedor de todas las cosas que por ti fueron creadas y subsisten.

En el nombre de Jesús, amén.

Referencias bíblicas

Isaías 55:11
Jeremías 1:12
Salmo 4:8
Salmo 91:1
Proverbios 18:10
Proverbios 29:25
Marcos 11:23,24
Proverbios 2:8
Salmo 91:11,12
2 Timoteo 4:18
Filipenses 4:7
2 Timoteo 1:7
Isaías 43:1-3
Oseas 2:18
Lucas 10:19
Salmo 91:13
Lucas 21:18
Marcos 16:18
Isaías 41:10
Apocalipsis 4:11

Segunda Parte

Oraciones especiales para los empresarios

Dirigir una reunión

Padre, en el nombre de Jesús, que tu sabiduría prevalezca en nuestra reunión de hoy. Haz que cada uno de nosotros sea rápido para escuchar, lento para hablar y tardo en enojarse, porque el enojo humano no hace realidad la vida justa que tú deseas.

Señor, reconozco tu Espíritu Santo y le doy la bienvenida a nuestra reunión, reconociendo nuestra dependencia de su presencia y guía. Con esta ayuda, me propongo respetar la opinión de cada individuo como valiosa y digna de consideración. Seré atento y cortés en todas nuestras deliberaciones porque sé que la palabra suave calma la ira.

Ayuda a cada uno de nosotros a dar opiniones en el momento correcto y a evitar sentimientos de autocompasión o autoengrandecimiento. Guárdanos de pensar que nuestras opiniones no son escuchadas.

Oro por los que deben enfrentar el rechazo. Ayúdalos a comprender que no deben tomar una negativa a sus sugerencias u opiniones como algo personal.

Si se rechazan mis opiniones, me niego a creer que yo, personalmente, soy rechazado. Recordaré que yo no soy mis opiniones.

Padre, tu amor en mí no insiste en sus derechos o ser a su manera, porque no busca lo suyo. Me someto a la sabiduría que viene del cielo, porque es pura, pacificadora, considerada, llena de misericordia y buenos frutos, imparcial y sincera. Como un pacificador, siembro la paz, cosechando los frutos de justicia.

Gracias, Padre, por la sabiduría que viene de lo alto.

En el nombre de Jesús, amén.

Referencias bíblicas

Efesios 1:17	1 Pedro 5:5,
Santiago 1:19,20	Romanos 12:10
Juan 16:13	1 Corintios 13:5
Proverbios 15:1	Santiago 3:17,18

ORACIÓN AL CONVOCAR A UNA REUNIÓN

Padre, hoy todos venimos de mutuo acuerdo a la reunión. Gracias porque será productiva. Ayúdanos a mantenernos concentrados en la agenda. Trae a nuestra mente las soluciones a los problemas que enfrentamos. Ayuda a cada uno de los presentes para que podamos hacer contribuciones de valor y que sean de provecho para el desarrollo de esta reunión.

Gracias por la libertad de comentar abierta y libremente los temas sin peleas ni enojos. Ayúdanos a expresar las ideas sin temor al ridículo ni al sarcasmo.

Gracias porque todos tenemos un corazón comprensivo hacia los demás y hacia cada asunto que plantearemos hoy.

Ayúdanos a considerar todos los hechos y a desarrollar un plan de acción definitivo con respecto a la dirección que debemos tomar. Ayúdanos a no sobreanalizar ni tampoco a actuar precipitadamente ni movernos demasiado rápido, sino a responder efectiva y eficientemente a cualquier problema que necesite de nuestra atención. Ayúdanos a movernos y a operar como un equipo.

En el nombre de Jesús, amén.

Referencias bíblicas

Mateo 18:19
2 Corintios 3:17
Proverbios 5:18
Santiago 3:16
Santiago 1:19,20
Efesios 4:31,32
Colosenses 3:8
Filipenses 2:3
Proverbios 1:5
Proverbios 2:2
Proverbios 21:3
Proverbios 29:20
Salmo 133:1

ORACIÓN PARA FINALIZAR UNA REUNIÓN

Padre, te damos gracias por esta reunión.

Creemos que alcanzamos el propósito por el cual nos reunimos. Gracias porque en esta reunión sacamos los hechos y los datos que necesitamos para actuar con decisión y desarrollar nuestras habilidades de la mejor manera posible en cada tarea que se asignó.

Gracias, Padre, porque todos tienen algo que hacer y porque cada uno lo hará con eficiencia. Gracias porque tenemos toda la información que necesitamos para tomar la decisión correcta.

Gracias por este tiempo fructífero y productivo que pasamos juntos.

En el nombre de Jesús, amén.

Referencias bíblicas

Colosenses 4:17
Proverbios 21:2
Santiago 1:4
Juan 15:1,2

Tomar una decisión difícil

Padre, traigo esta decisión delante de ti. Para mí es difícil tomarla, pero sé que contigo puede ser fácil.

Te pido, Señor, que me ayudes a ver los dos lados de esta situación y a considerar todos los hechos que están involucrados en ella. Ayúdame a evaluar con propiedad tanto los atributos positivos como los negativos de esta situación.

Señor, reconozco que las decisiones son una parte importante de ser un buen gerente. Al procesar la información y considerar las posibles repercusiones o beneficios de esta decisión, ayúdame a evitar la parálisis del análisis. Ayúdame a obtener la información que necesito y a evaluarla con cuidado y con sabiduría.

Ayúdame, Padre, a escuchar tu voz, y también a tomar la decisión justa y correcta en este caso. Evita que actúe precipitadamente, pero también que me demore demasiado en tomar una decisión.

Padre, al considerar este asunto ayúdame a no dejarme influir por mis deseos o ambiciones personales. En cambio, ayúdame a percibir y optar por lo que es mejor para mi departamento o compañía, no importa cómo me sienta personalmente al respecto. Ayúdame a asumir y a llevar a cabo este proceso de tomar decisiones acertadas y objetivas.

Gracias por tu guía y dirección en este asunto.

En el nombre de Jesús, amén.

Referencias bíblicas

Isaías 11:2	Juan 10:27
Colosenses 4:1	Filipenses 2:3
Proverbios 28:1	Jueces 6:12

Preparar un presupuesto

Señor, pido tu ayuda respecto al presupuesto que debo preparar. Reconozco, Padre, que es necesario para el funcionamiento correcto de mi departamento y/o compañía. Sé que puede ser un trabajo tedioso y que consume mucho tiempo, por eso te pido tu ayuda, para que no pase por alto nada que se deba incluir o considerar.

Te pido que me ayudes a estimar con exactitud los gastos e ingresos, utilizando el conocimiento que tengo y dependiendo en la guía del Espíritu Santo. Muéstrame lo que no puedo ver, de manera que pueda calcular apropiadamente las situaciones presentes y futuras. Ayúdame a anticipar acontecimientos imprevistos, para que pueda determinar cuáles serán nuestras necesidades futuras y hacer previsiones con respecto a ellas.

Señor, ayúdame a ver este presupuesto como una herramienta de administración, no como un formulario que es necesario completar para apaciguar al departamento de contabilidad, sino como una presentación certera del presente y el futuro de la situación financiera de mi departamento y/o compañía.

Ayúdame a ser conservador al estimar los ingresos y juicioso al estimar los gastos proyectados. Ayúdame a llegar a la cifra más acertada posible al preparar este documento vital.

Gracias por tu guía, dirección y sabiduría.

En el nombre de Jesús, amén.

Referencias bíblicas

Deuteronomio 8:18	Juan 16:13
Isaías 48:17	Lucas 12:2
Deuteronomio 28:8,11-13	Santiago 1:5

Analizar un informe

Señor, vengo a ti en oración antes de comenzar a analizar este informe que tengo delante. Reconozco que necesito esta información para funcionar adecuadamente y cumplir con mis responsabilidades.

Te pido, Padre, que me ayudes a analizar este informe correctamente y a obtener lo que necesito para tomar decisiones sabias.

Muéstrame, Señor, no solo las cosas que son obvias, sino también las que no son tan aparentes al ojo humano. Aumenta mi comprensión. Si necesito alguna otra información, ayúdame a determinar cuál es y cómo conseguirla.

Ayúdame a poder asimilar la información vital y reducirla a lo básico. Dame discernimiento para percatarme de cualquier tendencia, ya sea positiva o negativa, que se esté desarrollando dentro de mi departamento y/o compañía. Ayúdame a tomar la información y el conocimiento que adquirí y a utilizarlo para un mejor desempeño de mis funciones.

Ayúdame a tomar lo que me estás mostrando y aplicarlo a las actividades diarias para así mejorar el rendimiento general de mi trabajo y el promedio del éxito en mi departamento y en esta organización.

En el nombre de Jesús, amén.

Referencias bíblicas

Mateo 7:7,8
Efesios 1:17
Efesios 3:20
Proverbios 4:11
Proverbios 2:11
Daniel 11:32
Josué 1:8
Mateo 6:33

Crear un nuevo producto y servicio

Señor, tú dices que nos darás ideas nuevas y creativas, que el Espíritu Santo nos mostrará las cosas que vendrán. Te pido que ahora tú y tu Espíritu Santo nos ayuden a crear y desarrollar nuevos productos y servicios.

Padre, tú sabes lo que el mercado necesita ahora y lo que necesitará en el futuro; cuáles productos y servicios serán una bendición para la vida de la gente. Danos nuevas ideas y conceptos innovadores para que así desarrollemos los productos y servicios mejores y más nuevos para nuestra compañía.

Danos ideas, Señor, que se conviertan en productos y servicios, que resulten en un crecimiento exitoso y sea de bendición para nosotros y los demás.

Te lo pido en el nombre de Jesús, amén.

Referencias bíblicas

Proverbios 8:12
Proverbios 18:21
Daniel 10:12
Juan 16:13
Proverbios 17:27
Daniel 5:14
Daniel 6:3
Filipenses 1:10

Emprender un nuevo proyecto

Padre, te presento este nuevo proyecto que estamos considerando. Creo que debemos participar en él, que es algo que debemos hacer, pero busco tu sabiduría concerniente a esto.

Si esto no viene de ti, Señor, señálalo a nuestro espíritu. Dirígenos a detener los planes y los trabajos, pon un alto a más pérdida de tiempo y energía.

Pero si viene de ti, Padre, te doy gracias por tu consejo y ayuda al respecto. Danos entendimiento y discernimiento en las etapas de preparación mientras reunimos la información necesaria para definir el curso de acción y planear el presupuesto. Ayúdanos a reunir los datos y las cifras que necesitamos para llevar a cabo este plan de acuerdo con tu voluntad y propósito.

Gracias, Señor, por tu perspicacia y sabiduría. Te pido que nos des a cada uno la guía y la dirección de tu Espíritu Santo para que sepamos cómo asimilar la información y cómo utilizarla de la forma más ventajosa. Revélanos cualquier costo o gasto oculto para considerarlo al preparar un presupuesto acertado y una detallada proyección de tiempo y dinero.

Danos, a todos los involucrados en este proyecto, la habilidad de concentrar nuestra atención y nuestros esfuerzos, de manera que completemos con éxito esta empresa y de ese modo traigamos gloria y honra a tu nombre.

En el nombre de Jesús, amén.

Referencias bíblicas

Proverbios 8:12
Isaías 11:2
Jeremías 29:11-13
Jeremías 33:3
Efesios 1:8,9,17
Lucas 12:2
Romanos 12:2

Comprar nuevo equipo

Señor, vengo a ti con respecto al nuevo equipo que estamos considerando.

Señor, de acuerdo con todas las fuentes de información que disponemos, determiné que necesitamos este artículo en particular. Si realmente no lo necesitamos, o si hay otra manera de lograr el mismo resultado sin comprarlo, por favor, habla a mi corazón y házmelo saber. Si necesitamos comprarlo, entonces te pido que nos ayudes al consultar con potenciales vendedores y al comparar precios y términos.

Padre, danos sabiduría en esta operación. Primero que todo, ayúdanos a identificar con exactitud los beneficios y servicios que este equipo nos dará, de forma que podamos comprarlo confiando en que suplirá nuestras necesidades.

Ayúdanos, Señor, a determinar el verdadero valor de nuestra compra y a no cometer el error de comprar el producto más barato o el más caro simplemente por el precio. En lugar de eso, ayúdanos a escoger el que nos brindará máxima calidad al precio más económico. Ayúdanos a balancear los beneficios a largo plazo con el desembolso a corto plazo.

Ayúdanos a determinar exactamente cómo este equipo contribuirá a nuestros esfuerzos e incrementará la producción y la calidad de esa producción. Muéstranos cómo nos ayudará a ahorrar dinero disminuyendo los gastos.

Ayúdanos a hacer el mejor contrato posible de venta y servicios, y a identificar el mantenimiento que será necesario para mantener este equipo trabajando al máximo de su eficiencia.

Danos discernimiento al considerar diferentes proveedores y al examinar sus reclamaciones, antecedentes y referencias profesionales. Danos sabiduría para escuchar y entender lo que se dice y ser sensibles a lo que no se dice.

En todas nuestras deliberaciones, ayúdanos, Señor, a establecer si es el equipo correcto para nuestras necesidades y a obtener el mejor valor por el dinero que cuesta.

En el nombre de Jesús, amén.

Referencias bíblicas

1 Corintios 4:5	Salmo 5:12
2 Corintios 4:2	1 Juan 5:14,15
1 Corintios 4:2	Apocalipsis 3:7,8

Elegir un nuevo banco

Señor, oro en cuanto a la elección de un nuevo banco. Para realizar las operaciones de nuestro negocio, necesitamos encontrar una sólida institución financiera que pueda y quiera manejar nuestros asuntos de dinero.

Te pido, Señor, que nos ayudes a encontrar un banco de esta índole: uno que sea sensible a nuestras necesidades, que crea en nosotros como organización y que esté interesado en nosotros como individuos, y no solo como otro número de cuenta.

Padre, estamos buscando personas con las que podamos desarrollar una relación a largo plazo y con las que podamos crecer a medida que crecen las necesidades de nuestra compañía. Es nuestro deseo ser una bendición para estas personas, igual que ellas lo sean para nosotros.

Ayúdanos, Señor, a mirar al futuro y tomar una decisión sabia, que sea lo mejor para nuestra compañía y para cada uno de los que están dentro de ella, no solo ahora sino en los años venideros.

Gracias, Padre, por guiarnos al banco correcto y por darnos la gracia tanto de ellos para con nosotros, como de nosotros para con ellos. Gracias por reunirnos de forma que podamos lograr un acuerdo, una sociedad, que sea justa para ellos y nosotros, una que sea beneficiosa para sus operaciones tanto como para las nuestras.

En el nombre de Jesús, amén.

Referencias bíblicas

Proverbios 8:14
Efesios 6:7,8
Jeremías 33:3
Proverbios 19:21
Salmo 5:12
Proverbios 8:32-35
Proverbios 16:2,3

Aumento en las ventas

Padre, oro en cuanto a las ventas de nuestra compañía.

Levanto delante de tu trono de gracia a cada uno de los que están involucrados en las ventas, ya sea por teléfono, en persona o a través del correo. Te pido que los sigas bendiciendo a ellos y a sus esfuerzos a favor de nuestra organización.

Gracias, Padre, por tu sabiduría y tu gracia para con nosotros al compartir los beneficios de nuestros productos/servicios a través de nuestro cuerpo de ventas. Gracias porque le das gracia a nuestra gente al hablar con nuestros clientes.

Padre, te pido que ayudes a los vendedores a saber cuáles son las necesidades de nuestros clientes. Ayúdalos a no vender más allá de lo que necesita el cliente sino que siempre presenten nuestros productos/servicios de manera adecuada, efectiva y eficiente.

Danos sabiduría y perspicacia al desarrollar promociones y técnicas de venta. Ayúdanos a ser siempre honestos y sinceros. Ayúdanos a siempre explicar los beneficios de nuestros productos/servicios en forma clara y certera.

Te pido, Padre, que guíes a nuestros vendedores para que tengan la capacidad de responder con rapidez a cualquier objeción a la compra de nuestros productos/servicios. Dales gracia al coordinar entrevistas y al hacer presentaciones de venta. Ayúdalos a ofrecer los productos/servicios de una manera correcta.

Gracias, Padre, porque hay necesidad de nuestros productos/servicios, y porque sigues abriendo nuevas puertas y provees nuevos mercados para ellos. Gracias porque en forma regular ha crecido el número de nuestros clientes. Gracias porque nuestras ventas están creciendo y agregamos nuevos mercados diariamente. A ti damos toda la gloria y el honor por nuestro éxito.

En el nombre de Jesús, amén.

Referencias bíblicas

Deuteronomio 28:6,8,13
Salmo 1:1-3
Salmo 5:12
Proverbios 8:12
Romanos 12:17
Hebreos 13:18
Salmo 119:165
Apocalipsis 3:7,8
Mateo 7:7,8

Manejo de las cuentas a pagar

Padre, oro en cuanto a nuestras cuentas de pago.

Primero que todo, gracias, Padre, por darnos sabiduría en lo que compramos y cómo lo compramos.

Gracias, Padre, porque nos manejamos de acuerdo con el presupuesto, y porque somos sensibles al flujo equilibrado del dinero a través de esta organización. Gracias porque no compramos nada que no necesitamos o que no podamos pagar.

Te damos gracias por guiarnos en todas las decisiones referentes a las compras, porque nos haces preguntarnos cosas tales como: «¿Es esto algo que debemos tener? ¿Es esto algo que la organización necesita para tener éxito? Si es así, ¿es este el tiempo de comprarlo?»

Gracias, Padre, porque somos capaces de hacer todas las compras con la completa confianza de que estamos haciendo lo correcto y porque tendremos los fondos necesarios para pagar por ellas de acuerdo con nuestros compromisos de compras.

Gracias porque cada cuenta que debemos se paga a tiempo, y porque tenemos buen crédito y reputación de honestidad e integridad con nuestros acreedores.

En el nombre de Jesús, amén.

Referencias bíblicas

Proverbios 2:6-11
Proverbios 3:32
Salmo 37:23
Isaías 48:17
Salmo 25:21

Manejo de las cuentas a cobrar

Padre, pongo delante de ti a las personas que están en deuda con esta organización. Te doy gracias porque cada persona que debe dinero a nuestra compañía, nos paga.

Con respecto a los que no pueden pagar por falta de fondos, te doy gracias por aumentar sus negocios y proveerles los ingresos necesarios para cumplir con sus obligaciones financieras.

Para aquellos, Señor, que ordenan productos/servicios y no pueden pagar debido a la falta de discernimiento o un presupuesto indebido, te pido que les concedas sabiduría para el futuro. Te pido que los ojos de su comprensión se abran y que ellos aprendan a ser más diligentes en sus tratos comerciales.

Señor, con respecto a aquellas personas fraudulentas que ordenan productos/servicios sin la intención de pagar, te pido que les hagas ver la necesidad de obrar justamente en todas sus transacciones comerciales. Envía al Espíritu Santo para convencer sus corazones y reprimir sus mentes, para que puedan arrepentirse, hacer las cosas bien y seguir tus reglas y principios.

Oro, Padre, por nuestro gerente de crédito. Te pido que le des éxito y lo ayudes cuando recopila información y se comunica con nuestros deudores, y sabiduría y conocimiento para tomar decisiones acerca del manejo de las cuentas, especialmente aquellas que están atrasadas.

En el nombre de Jesús, amén.

Referencias bíblicas

Lucas 7:41-43
Deuteronomio 28:12
Salmo 115:14
Efesios 1:17,18
Salmo 37:21
Proverbios 22:29
Juan 16:8
Salmo 5:12

Manejo de las facturas sin pagar

Señor, vengo ante ti en cuanto a estas facturas que en la actualidad se deben. Como sabes, no podemos pagarlas a tiempo.

Señor, sé que es correcto mantener a nuestros vendedores y deudores informados, y estoy comprometido a hacerlo.

Te pido que nos des gracia ante las personas a quienes les debemos. Dame sabiduría al hablar con ellos referente al cumplimiento de nuestras obligaciones. Ayúdalos a reconocer, Padre, que nuestra imposibilidad de pagar no se debe a tratos fraudulentos. Asegúrales que cuando contrajimos estas deudas, estábamos operando en plena confianza de que seríamos capaces de cumplir con las obligaciones en el tiempo especificado. Ahora que no podemos hacerlo, te pido, Padre, que nos ayudes delante de ellos para que podamos acordar un plan adecuado para el pago de estas obligaciones.

Te doy gracias por proveer los fondos necesarios a través del incremento en las ventas y/o de la reducción de gastos para que podamos pagar nuestras deudas vencidas lo antes posible.

Gracias, Señor, por toda tu ayuda.

En el nombre de Jesús, amén.

Referencias bíblicas

Filipenses 4:19
Proverbios 10:4
Salmo 5:12
Salmo 25:21
Proverbios 10:22
Proverbios 8:21

Enfrentar una crisis financiera

Señor, vengo a ti en este momento de gran necesidad en la vida de nuestra organización. Cualquiera sea la causa, nos encontramos en una necesidad financiera extrema.

Primero que todo, Padre, rechazo el espíritu de miedo en el nombre de Jesús. Me niego a operar bajo temor, ansiedad y preocupación concerniente a esta situación. Sé que es una situación seria y no la tomo a la ligera. Sé que si hay temor, ansiedad o preocupación en mi corazón, esto nublará mi juicio y mi evaluación de la situación. La hará verse peor de lo que realmente es. También bloqueará mi habilidad para escucharte.

Padre, te entrego toda esta situación y te pido tu guía y dirección para rectificarla. Si se produjo por alguna mala decisión que tomé o algún mal pensamiento o acción en los que me involucré, me arrepiento en este momento. Te pido tu perdón. Ayúdame a ver mis errores y faltas y a hacer todo lo que esté a mi alcance para superarlos y corregirlos.

Señor, si esta crisis financiera es el resultado de mi negligencia o irresponsabilidad con los gastos, te pido que me perdones. Ayúdame a ser sensible a tu voz para que pueda escucharte al buscar tu consejo. Te abro mi corazón. Muéstrame qué hacer para que no vuelva a repetirse una crisis como esta.

En cuanto a nuestra necesidad actual, te pido que me ayudes y que me des gracia a los ojos de los que les debo dinero. Te doy gracias por un incremento en las ventas de modo que aumente nuestro ingreso, por conocimiento para saber dónde rebajar los gastos y perspicacia para saber cómo administrar el dinero que tenemos.

Gracias por tu sabiduría sobrenatural para que podamos ver cómo salir de esta terrible situación. Ayúdanos a formular un plan para recuperarnos, de donde estamos hoy a donde queremos estar mañana. Ayúdame a comunicar este plan con claridad y eficiencia a los que estarán involucrados en él.

Señor, envíame consejeros que puedan ayudarme en esta tarea. Envíame personas con sabiduría y perspicacia concerniente a esta situación, que ellos puedan ayudarme a percibir y discernir tu perfecto plan de recuperación.

Padre, me doy completamente a ti. Gracias porque escucho tu voz con claridad y exactitud mientras me revelas qué hacer y cómo hacerlo. Te pido en primer lugar que me ayudes a identificar la razón por la cual tuvimos esta crisis y a levantar salvaguardas para que no se repita jamás.

Gracias por tu perdón, tu ayuda, tu sabiduría y tu instrucción. Gracias porque estamos total y completamente fuera de esta crisis. La recibo por fe y en gratitud porque lo has hecho, en el nombre de Jesús. Amén.

Referencias bíblicas

2 Timoteo 1:7
Filipenses 4:6
Efesios 5:7
Juan 10:27
Salmo 5:12
Salmo 115:14
Daniel 2:21-23
Hechos 6:10
Salmo 1:1
Salmo 16:7
Salmo 73:24
Proverbios 15:22
Job 22:28

Incorporar un nuevo socio

Padre, siento en mi corazón que es importante incorporar un nuevo socio en nuestro negocio. Sé que tu Palabra es muy clara y específica sobre las relaciones y las sociedades. Por eso te pido en primer lugar tu sabiduría, tus instrucciones. Aunque siento en mi corazón que este paso es necesario, si esto no es lo mejor para nuestra organización, muéstranoslo ahora.

Y si es correcto hacerlo, te pido, Señor, que envíes el socio adecuado, alguien que tenga el mismo corazón y el mismo compromiso que nosotros tenemos. Sobre todo, buscamos a alguien que esté comprometido contigo, comprometido con tu Palabra y comprometido a operar y actuar con integridad y honestidad. Gracias por un socio sincero y más allá de todo reproche, alguien que tiene las mismas metas y visiones y los mismos deseos que tenemos nosotros, y que sin embargo, traiga una perspectiva sana y diferente a la organización.

Señor, una vez que se tome la decisión y sintamos tu paz en nuestro corazón, ayúdanos al examinar y seleccionar al socio que se incorporará a nuestra organización. Te pido que él o ella no sea simplemente un duplicado de lo que ya existe en nuestra empresa, sino alguien con una sabiduría y perspicacia innovadora, con un enfoque nuevo y fresco que mejore la habilidad de la compañía para crecer y generar ganancia.

Te pido que tú establezcas una sociedad verdadera y duradera entre nosotros, una que sea santa en todas sus dimensiones. Te pido por un socio que lleve esta organización a grandes alturas y que al mismo tiempo continúe basada en la roca sólida de los principios y los fundamentos de tu Palabra Eterna.

En el nombre de Jesús, amén.

Referencias bíblicas

Proverbios 1:2	Salmo 25:21
Proverbios 9:9	Salmo 119:22
Romanos 12:16	Habacuc 2:2
Daniel 5:12	Colosenses 3:15-17
Romanos 12:16	Proverbios 8:10-12
1 Corintios 1:10	1 Timoteo 4:8

Orar por los empleados

Padre, te pido por cada uno de los empleados de esta organización. Dame sabiduría al interactuar con ellos. Ayúdame a reconocer y desarrollar sus potenciales individuales y a proveerles las herramientas y recursos necesarios para que puedan realizar sus tareas. Hazme sensible a sus necesidades, tanto personales como profesionales.

Ayúdame en el manejo de lo más preciado de nuestra organización, es decir, su gente. Cuando los mire, ayúdame a verlos con el corazón igual que con mis ojos. Dame la habilidad para comunicarles con claridad las ideas y orientaciones que me diste. Ayúdales a comprender las decisiones tomadas que los involucran. Ayúdame a estar atento a sus aportes en estos asuntos.

Señor, dame la sabiduría para equilibrar los aspectos tangibles, estratégicos y tácticos de cada decisión con los aspectos humanos intangibles y sensibles involucrados en ella. Haz que vea a mis empleados como personas y no simplemente como trabajadores, muéstrame cómo hacer surgir lo mejor de cada uno de ellos.

Ayúdame, Padre, a enseñarles la verdad. Dame la habilidad de comunicarles con claridad lo que espero de ellos. Ayúdame a tratar con ellos de forma justa y honrada, a felicitarlos cuando hacen las cosas bien y a corregirlos cuando se equivocan.

Ayúdame, Padre, a intercambiar con ellos mis percepciones y críticas constructivas y a concentrarme siempre en la actuación y nunca en los actores para que incluso después de la corrección, ellos se sientan alentados y entusiastas acerca de su trabajo, con una clara comprensión de lo que se necesita hacer para cambiar o corregir la acción específica que se evaluó.

Señor, oro por sus familias. Bendícelas financiera y físicamente. Dales salud y abundancia y provee abundantemente para todas sus necesidades.

Te pido, Padre, que les des entusiasmo y gozo respecto a sus trabajos. Por tu Espíritu, ayúdales a ver todo el cuadro de esta organización, y no solamente su pequeña parte en ella. Dales la habilidad para comprender que cuanto más pongan en su trabajo, más obtendrán de él.

Ayúdalos, Señor, a controlar sus lenguas. Hazles darse cuenta que las peleas, los chismes y el hablar a las espaldas, son fuerzas destructivas que al final no solo afectarán negativamente a la empresa, sino que peor aun, los destruirán espiritualmente.

Levanta entre sus filas personas como Josué y Caleb y hazlos evidentes para mí. Dame la perspicacia de saber a quién ascender y dónde ubicarlos para un máximo de beneficio.

Te agradezco, Padre, por enviarnos buenas personas, calificados y dedicados hombres y mujeres para hacer el trabajo que se necesita realizar. Gracias porque tú los ungiste. Tú dijiste que a aquellos que llamas, unges, y a los que unges, capacitas. Gracias porque tú nos unges para hacer el trabajo más allá de nuestras fuerzas, habilidades, dones y talentos.

Gracias por impartir a todos los empleados de esta compañía lo que necesitan para realizar sus tareas con gozo y excelencia. Te pido que al final del día, ellos puedan decir con verdad: «He dado todo mi empeño, me he esforzado al máximo».

Gracias por las bendiciones que derramas sobre ellos con motivo de su compromiso y fidelidad hacia ti y a hacia esta compañía.

En el nombre de Jesús, amén.

Referencias bíblicas

2 Crónicas 35:2
Salmo 45:1
1 Timoteo 5:21
Santiago 3:17
Hebreos 13:21
Mateo 25:21
1 Pedro 2:14
Proverbios 29:19
3 Juan 2
2 Corintios 7:4
Lucas 6:38
Santiago 3:2
2 Corintios 1:21
1 Juan 2:27
Mateo 25:23

Contratar a un nuevo empleado

Padre, vengo a ti para presentarte el puesto que hay disponible en nuestra empresa. Creo que para cada individuo que tú creaste, tienes un plan y un propósito perfecto.

Señor, te pido que envíes a la persona correcta para este trabajo. Una persona que en este momento de su vida sea tu perfecta opción para cubrir la posición vacante en medio nuestro.

Si tal individuo ya está trabajando en esta organización y debemos ascenderlo, te damos gracias por revelárselo a esa persona y a nosotros. Si esa persona ideal no es actualmente un empleado de nuestra firma, entonces dirige a esa persona hacia aquí.

Padre, si la persona correcta es una que no encaja con nuestras expectativas pero en quien tú has puesto el potencial de ser lo que necesitamos, por favor, revela este hecho en nuestros corazones. Si se presenta alguien que tiene todas las habilidades naturales y los talentos necesarios para este trabajo, pero su corazón no es bueno o no es la persona correcta para el cargo, señálalo en nuestro espíritu para que sepamos que no es la persona que tú has escogido.

Padre, en 1 Crónicas 22:15 le dijiste a Salomón que le enviarías obreros talentosos y expertos para todo tipo de tareas. Buscamos a alguien que tenga los dones y talentos correctos para este trabajo, pero también buscamos a alguien con el carácter y la personalidad correctos, con los atributos personales correctos. Buscamos a alguien que tenga un espíritu y una actitud que te complazcan a ti; alguien cuyo carácter, integridad y moral estén por encima de todo reproche; que sea un empleado sobresaliente y un excelente compañero de trabajo; que esté dispuesto a aceptar responsabilidad y tomar nuevos desafíos; que sea un gran líder; que esté a la altura de las circunstancias; que esté comprometido y sea fiel en dar lo mejor de él/ella en cualquier cosa que haga.

Gracias por un individuo que apoyará a los que ocupan posiciones de liderazgo y que orará y será obediente a ellos.

Señor, no queremos a alguien que esté interesado en edificar su propio reino ni alguien cuyo ego sea mayor que su corazón. Queremos a una persona que esté interesada en edificar tu Reino y que sepa cómo someterse y seguir, y a la vez mantener su independencia. Queremos personas con iniciativa y motivación personal.

Padre, buscamos una persona que no sea demasiado orgullosa, ni tan humilde ni tan tímida para defender lo que es correcto. Envíanos un pensador. Envíanos a alguien que podamos enseñar y que esté ansioso de aprender y tomar deberes y responsabilidades nuevas.

Gracias, Señor, porque en el proceso de la entrevista nos revelarás cuál es la persona precisa para el puesto vacante.

Padre, que no se haga nuestra voluntad sino la tuya. Gracias por enviarnos al individuo perfecto, llamado y ungido por ti para ocupar este cargo.

En el nombre de Jesús, amén.

Referencias bíblicas

Jeremías 29:11
Romanos 8:28
Daniel 1:17
Daniel 9:22
Salmo 25:21
Proverbios 12:3
Proverbios 19:1
Proverbios 21:5
Lucas 9:62
1 Timoteo 2:1-3
Efesios 5:21,22
1 Pedro 3:8
1 Juan 2:27

ORACIÓN POR UN NUEVO EMPLEADO

Padre, te doy gracias por________________, a quien acabamos de contratar como nuevo empleado de la firma. Señor, creemos que escuchamos tu voz y que esta es la elección correcta. Te pido que lo ayudes para que se sienta cómodo en este nuevo cargo. Gracias por su progreso y rapidez en el aprendizaje. Dale perspicacia y sabiduría en cuanto a su nuevo trabajo.

El inicio de un nuevo trabajo por lo general es un tiempo de tensión, pero te pido que tu paz, que sobrepasa todo entendimiento, lo cubra y lo rodee. Quita la tensión de comenzar un nuevo trabajo, aprender cosas nuevas y conocer a nuevas personas y que este pueda ser un tiempo de estímulo y alegría para todos los involucrados.

Padre, te pido por aquellos que prepararán a este nuevo empleado. Te doy gracias porque les diste la sabiduría y el entendimiento acerca de lo que deben decir y cómo decirlo. Ayúdalos a saber cómo dar las indicaciones adecuadas y a ser sensibles hacia esta nueva persona al trabajar como equipo.

Padre, te pido que a través de este período de transición se diga todo lo que es necesario decir y se den todos los ejemplos que se deben dar y que sea un tiempo eficiente de preparación para todos los involucrados.

Ayuda a este nuevo empleado a sentirse apreciado y bienvenido por todos los que trabajan aquí. Te pido que ayudes a los otros empleados a demostrar aceptación y gentileza para con él, de forma que pueda sentirse parte de esta compañía lo antes posible.

Ayúdalo a sentirse cómodo aquí y que sienta en su corazón que es una parte vital para el éxito de esta empresa.

En el nombre de Jesús, amén.

Referencias bíblicas

Filipenses 4:7
2 Corintios 4:8
Salmo 25:17
Salmo 107:6
Salmo 5:11
Salmo 35:9
Efesios 1:17
Hechos 5:12
Filipenses 2:2
Efesios 1:6

Dar un ascenso

Padre, vengo delante de ti con respecto a ______________________________. Creo que su actitud, talento, compromiso y desempeño son los que nuestra organización necesita y concuerdan con los requisitos del nuevo puesto en la compañía. Por esta razón, siento en mi corazón que esta persona debe ocupar ese cargo.

Señor, si hay alguna razón por la cual esta persona no se debe ascender, te pido que me la reveles ahora. De no ser así, voy a seguir adelante con lo que me guía el corazón, actuando con la sabiduría que me diste, y voy a darle el ascenso.

Padre, te agradezco que en este caso la persona entiende claramente la razón por la cual se ascenderá. Ayúdame a destacar y estimular esas características por las que considero que debo ascenderlo/a. Ayúdame a dejar en claro que la razón para su ascenso es su actitud, conducta y desempeño y que hay muchas más oportunidades en el futuro.

Te pido, Padre, que ayudes a este individuo a seguir demostrando la misma actitud, conducta y desempeño sin enorgullecerse. Ayúdalo para que no deje de hacer aquello por lo cual se promovió. Que esta experiencia sea un trampolín hacia mayores logros, productividad y compromiso y no a la inversa. Ayúdale a comprender que no es el fin, sino el principio y a no quedar atrapado con el orgullo o la arrogancia ni con ningún otro sentimiento negativo que a veces pueden producir los ascensos.

Padre, si este ascenso significa que esta persona estará a cargo de otros empleados, ayúdalo/a a realizar la tarea con ternura. Que nunca abuse de su autoridad sobre nadie, sino que sea sensible y comprensivo/a, reconociendo que los gerentes y supervisores son siervos y no amos.

Ayuda a esta persona, Padre, a estar a tono con las necesidades de los individuos con los que va a trabajar. Ayúdalo/a a ser un entrenador y no un tirano, alguien que da ánimo y no un dictador. Ayúdame a transmitirle a esta persona la importancia de esta verdad, y ayúdala a caminar en esta comprensión y a la luz de tu Palabra.

En el nombre de Jesús, amén.

Referencias bíblicas

1 Corintios 4:5
Romanos 8:9
Salmo 75:6,7
Colosenses 3:17
Romanos 12:3
Gálatas 5:1
Marcos 10:44
Gálatas 5:13

Mejorar la productividad de otro

Padre, vengo delante de ti con respecto al desempeño del trabajo de__________________. Me parece que debería ser más productivo.

Te pido, Señor, que me ayudes a hablarle acerca de esto y que él acepte el desafío de mejorar. Ayúdalo a organizar su trabajo, a ver cualquier hábito potencial que tal vez tenga y que no es productivo y a reconocer y corregir cualquier relación que no esté contribuyendo al buen desempeño de su trabajo.

Padre, háblale a __________________. Anímalo y fortalécelo. Dale sabiduría y conocimiento para organizar su día, perspicacia para mantenerse concentrado en la tarea y determinado a seguir con el trabajo hasta terminarlo.

Ayúdalo, Padre, a no distraerse, sino a ser productivo y eficiente en todo lo que haga.

Si hay algo que pueda hacer para ayudarlo o que debo decirle o sacar a la luz, por favor, háblame y házmelo saber.

En el nombre de Jesús, amén.

Referencias bíblicas

Filemón 6
1 Pedro 4:11
2 Samuel 2:7
Josué 1:7
Salmo 60:12
Proverbios 10:4
Proverbios 21:5
Proverbios 22:29
Proverbios 27:23

Llamar la atención a un empleado

Padre, pongo delante de ti a__________. Sé que para cualquier empleado es una situación difícil cuando le advierten a su supervisor que él cometió una indiscreción o falta.

Señor, corregir no es una tarea agradable. Pero es necesaria. Entiendo que sería un mal administrador de mis responsabilidades si se necesitara corregir algo y yo no lo hiciera.

Al encarar esta situación, ayúdame a concentrar mi atención en el desempeño del trabajo y no en el trabajador. Ayúdame a hablar en forma directa y precisa, a ser objetivo y no emocional. Oro para que pueda encarar la situación franca y honestamente. Al mismo tiempo, Señor, ayúdame a generar paz y confianza en la mente y corazón de mi empleado, que tenga la certeza de que estoy ciento por ciento a su favor, que creo en él/ella, que estoy aquí para ayudarlo, no para destruirlo, sino apoyarlo.

Ayúdame a dejar claro qué acción tomó, o qué acción dejó de realizar que merece mi desaprobación. Y luego ayúdame a dejar claro qué acción espero que tome para corregir la situación.

Padre, te pido que lo ayudes a ser sensible y dispuesto a ver su error y entender la razón de la corrección. Ayúdalo a que no vea esto como una afrenta personal o reprimenda, sino más bien como una oportunidad para superarse y seguir adelante.

Señor, ayúdame a escuchar su lado de la historia, y si es necesario un replanteamiento de mi parte, ayúdame a tener una mente receptiva y a tomar los pasos necesarios para corregir mi posición. Al escuchar lo que me dice, ayúdame a ser sensible a sus necesidades y a reconocer que la situación es tan incómoda para él/ella como lo es para mí.

Señor, prepara nuestros corazones antes de la reunión. Que nuestra actitud sea la correcta, que nuestra mente sea clara y que nuestro espíritu sea uno para tener un sentido de unidad y objetividad en la reunión.

Te pido, Señor, que cuando nos reunamos, le des claridad de pensamiento y un corazón receptivo para recibir lo que le tengo que decir y que lo aplique a su situación laboral.

En el nombre de Jesús, amén.

Referencias bíblicas

Proverbios 29:19
Jeremías 10:24
Job 5:17
Proverbios 3:11,12
Proverbios 1:5
Proverbios 8:33
Romanos 2:4
Salmo 133:1
Efesios 4:3

Despedir a un empleado

Padre, me enfrento a la desagradable tarea de despedir a________________________.

Padre, oro respecto a la despedida de esta persona. Creo en mi corazón que esta es la única opción que queda. Ya le llamamos la atención con respecto al área de problema. Hemos hecho lo mejor para corregir la situación deficiente, sin embargo, esta persona no reaccionó de forma tal que nos hiciera ver un cambio de conducta adecuado. Así que esta parece ser la única alternativa.

Señor, si hay algo que hemos pasado por alto para salvar esta situación, por favor, habla a mi corazón y revélamelo. Si no, te pido tu ayuda para cumplir mi obligación, aunque es desagradable para todos los involucrados.

Reconozco que una de las tareas más difíciles de mi trabajo es despedir a alguien. También reconozco que es parte de mi responsabilidad y que si fallo en hacerlo, podría causar daño a la compañía, al departamento, a los que trabajan con esta persona y hasta a la persona misma.

Así que, como buen administrador de lo que me encomendaste, y siguiendo el sabio consejo que recibí, creo que he tomado esta decisión para beneficio de esta compañía y de todos los involucrados, incluyendo a______________________.

Dame sabiduría para ser franco y hablar la verdad con amor. Gracias por los atributos de gentileza y misericordia que me permitirán hablar palabras de esperanza y consuelo.

En el nombre de Jesús, ayuda a____________a lidiar con su sentimiento de rechazo y a reconocer que tú harás que todo, incluso ser despedido de esta compañía, se acomode a tu propósito y plan para su vida. Que sus talentos y habilidades son valiosos, y que hay un lugar que tú escogiste donde él puede desarrollar estos dones en tierra fértil, aumentando sus habilidades con negocios adaptados a sus necesidades y a las del lugar de trabajo.

Durante la entrevista, ayúdame a explicar con claridad y a identificar con precisión las razones involucradas en esta decisión y a hacer esta difícil transición lo menos pesada posible para ambos. Ayúdame a ser sensible a sus necesidades y a estar alerta y precavido. Padre, ayúdame a hacer mi trabajo de forma eficiente, como debe ser.

En el nombre de Jesús, amén.

Referencias bíblicas

Salmo 43:3
Apocalipsis 3:19
Efesios 4:15
2 Timoteo 2:24
Gálatas 5:22-25
Lamentaciones 3:22-23
Hebreos 12:5,6

ORACIÓN POR UN EMPLEADO DESPEDIDO

Oro por__________________________al dejar este lugar. Lamento que fuera necesario que esta persona terminara su trabajo en esta compañía, pero creo que no había otra alternativa. Ahora, Padre, te pido por el futuro de esta persona. Ayúdala, primero que todo, a superar cualquier sentimiento de rechazo que pudiera sentir. Te pido que la ministres y te reveles a ella, de manera que entienda que tú eres nuestra única seguridad y que por tu Santo Espíritu puedes ayudarla a través de esta dolorosa transición.

Señor, te pido que le ayudes a no albergar amargura, porque a la larga las emociones indebidas solo causan daño a la persona que las alberga. Ayúdale a ver esta situación de la manera más objetiva y clara posible y a superar cualquier dolor o vergüenza que pudo ocasionarle.

Padre, te pido que ayudes a su familia durante este tiempo de dificultad, incomodidad y vergüenza. Provee con abundancia para ellos, tanto financiera como mental y socialmente. Te ruego que su familia lo apoye, y que todos vean esto como una oportunidad, como un trampolín y no como una piedra de tropiezo en su futuro. Te pido que no se desalienten o se sientan rechazados por esto, sino que tengan un nuevo vigor, esperanzados y expectantes para el futuro.

Padre, que esta experiencia sea una oportunidad para que____________________alcance el éxito en la vida. Si la razón por la que se despidió se debió a un patrón de malos hábitos que desarrolló o actitudes que demostró, despierta su corazón, muéstrale que esta corrección era necesaria para que salga adelante y tenga éxito en un nuevo puesto. Si se debió a que el trabajo era incompatible con sus talentos, habilidades y deseos, te pido, Padre, que le concedas una nueva oportunidad, donde pueda sentirse verdaderamente feliz, satisfecho y productivo.

Ábrele puertas que nadie pueda cerrar, ciérrale puertas que ningún hombre pueda abrir. Dale la habilidad de escuchar la voz del Buen Pastor y de seguir su carrera de una manera excelente, dando lo mejor de su capacidad. Te pido que pueda estar en la mejor posición para su crecimiento y desarrollo y el bienestar de la compañía que le contrate.

Gracias, Señor. En el nombre de Jesús, amén.

Referencias bíblicas

Efesios 4:31,32
Hebreos 12:15
Filipenses 4:19
3 Juan 2
Apocalipsis 3:7,8
Juan 10:27
Jeremías 29:11-14

Servicio a los clientes

Padre, oro por nuestros clientes de hoy. Te doy gracias por ellos, porque sin ellos no tendríamos el negocio.

Gracias, Señor, por todos aquellos que compran nuestros productos o utilizan nuestros servicios. Ayúdanos a ser más sensibles a sus necesidades y poder responder mejor a lo que quieren y desean. Ayúdanos a prestarles un mejor servicio, porque nuestra compañía crece y prospera al servir mejor a los clientes.

Ayúdanos a estar alerta para discernir cómo mejorar siempre los productos/servicios. Muéstranos cómo podemos ser más sensibles a las necesidades de nuestros clientes.

Ayúdanos, Señor, a tener siempre un oído atento a lo que nuestros clientes tienen que decir de nuestros productos/servicios. Ayúdanos a responder con rapidez y eficiencia en aquellas áreas en las cuales nos llaman la atención.

Padre, te pido que nuestra relación con ellos y la de ellos con nosotros y nuestros productos y servicios sea placentera y memorable, que traiga paz y alegría a nuestros corazones y a los de ellos. Ayúdanos a recordar siempre que ayudando a satisfacer sus necesidades y deseos creamos una relación fuerte y duradera que nos beneficia a ambos y que es una bendición a muchos otros.

En el nombre de Jesús, amén.

Referencias bíblicas

Gálatas 5:13
Salmo 115:14
Filipenses 2:7
Proverbios 8:12
Proverbios 2:2
Romanos 15:13

Oración por los vendedores

Señor, presento delante de ti a los vendedores, esas organizaciones e individuos que contribuyen al crecimiento y la productividad de esta empresa. Ayúdanos a tener una buena relación con ellos, y a apreciar y reconocer sus esfuerzos para beneficiarnos. Ayúdanos a reconocer que aunque compramos sus productos o servicios, hay una sociedad entre nosotros y que sin ellos no podríamos lograr lo que necesitamos para ser una empresa exitosa.

Padre, gracias por darles éxito, no solo en sus tratos comerciales con nosotros sino también en todos sus tratos profesionales y personales. Te doy gracias por la bendición y prosperidad de ellos porque a través de sus tratos con nosotros también recibimos bendición y prosperidad. Dales sabiduría y perspicacia concerniente a sus negocios y prospera cada cosa que se proponen hacer.

Ayúdanos a ser un testigo y una bendición para cada uno de nuestros vendedores. Que puedan ver tu favor y bendición para nosotros y en cada contacto que tienen con nosotros vean un encuentro contigo, un encuentro con tu amor y tu bondad, un encuentro con tu gozo y tu paz, un encuentro con tu abundancia.

En el nombre de Jesús, amén.

Referencias bíblicas

Deuteronomio 7:13
Deuteronomio 28:12
Salmo 132:15
Josué 1:8
3 Juan 2
Proverbios 10:22
Proverbios 16:16
Isaías 11:2
Colosenses 4:5
Juan 13:15
1 Timoteo 4:12
Salmo 5:12

Tercera Parte

Oraciones especiales para empleados

Oración de compromiso con el empresario

Como empleado, me considero miembro del equipo junto a mi empresario y mis compañeros de trabajo. Con gusto asumo mi parte de la tarea y me propongo servir a otros. Considero a mi empleador digno de todo respeto, para que no se hable mal del nombre de Dios ni sus enseñanzas sean difamadas. Nunca podrá decirse que soy un trabajador mediocre.

Estoy de acuerdo con la sensata enseñanza de mi Señor Jesucristo y la sana doctrina. Me niego a discutir el significado de las palabras de Jesús y a provocar discusiones que generan celos y enojo, lo cual solo conduce a insultos, acusaciones y sospechas. Diré la verdad todo el tiempo.

La santidad con contentamiento es una gran ganancia. No traje nada al venir al mundo, y no podré llevarme nada. Tengo comida y abrigo, y estoy contento con eso.

Entiendo que el amor al dinero es la raíz de toda clase de males. Mi motivación para trabajar no es hacerme rico. No me apartaré de la fe, trayendo sobre mí muchos sinsabores. En lugar de eso, trabajo para tener algo que dar a los necesitados.

Pongo a un lado las agendas ocultas y motivaciones partidarias. Con verdadero espíritu de humildad considero a los otros como mejores y superiores a mí mismo (pensando mejor de los otros que de mí mismo). Aprecio a mi empleador y a mis compañeros de trabajo y me preocupo por sus intereses tanto como por los míos. Permito que la misma actitud, el mismo propósito y la misma mente humilde que hubo en Cristo Jesús esté en mí (él es mi ejemplo de humildad).

Gracias, Padre, por crear en mí un corazón y una actitud de siervo.

En el nombre de Jesús, amén.

Referencias bíblicas

1 Timoteo 6:1-10
Filipenses 2:3-5
Efesios 4:28

Oración de dedicación diaria al servicio

Padre, te alabo y te doy gracias por este día. Me dedico nuevamente a ti y a tu servicio. Me comprometo a vivir y actuar en este día de acuerdo con tu Palabra y a los principios y preceptos que estableciste en ella.

Me pongo en tus manos. Someto mi voluntad a la tuya. En tu Palabra prometiste que me darías sabiduría para los asuntos de la vida. Recibo tu sabiduría en cada decisión que tomo. Ayúdame a considerar los dos lados de cada situación, a ver todos los factores involucrados en ella y a pensar con claridad y exactitud.

Cuando me enfrente a situaciones o me vea involucrado en circunstancias que exceden mi conocimiento o experiencia, dependeré del Espíritu Santo, a quien tú has enviado para que me revele todas las cosas. Le pediré que me ministre, me guíe y me dirija hacia la verdad concerniente a todas las cosas que debo tratar en este día.

Escojo por un acto de mi voluntad ser hoy el mejor empleado que pueda ser, darle a mi empleador el ciento por ciento de mi tiempo, mi esfuerzo y mi lealtad.

Padre, de acuerdo con tu Palabra, cada cosa en la que hoy ponga mis manos prosperará. Señor, que mi trabajo prospere hoy. Muéstrame los errores antes de que ocurran, y revélame cómo puedo ser más eficiente en mi trabajo. Ayúdame a traerte gloria y honor en cada acción que tome, en cada labor que realice y en cada palabra que hable.

Gracias porque mi mente está activa y alerta. Aparto de mi mente todos mis asuntos personales, y me concentro en el trabajo que tengo, dando toda mi atención a los deberes y las responsabilidades que se me asignaron en este día.

Te agradezco que mi entusiasmo en el trabajo será evidente para todos, y la forma excelente en que desarrollo mis actividades serán un testimonio para todos los que tengan contacto conmigo.

Decido ser paciente y amable con todos los que trabajan conmigo. Gracias porque los fieles abundarán en bendiciones. No importa cuál sea la situación, a pesar de las circunstancias, responderé con amor y verdad. No seguiré mi camino ni trataré de promoverme a mí mismo, sino que estaré seguro en el conocimiento de que si soy fiel y diligente para hacer la tarea lo mejor que me permiten mis habilidades, luego tú me darás el reconocimiento y el ascenso.

Rehúso enaltecerme, tratar de impulsarme hacia una posición de prominencia para que los demás me vean. Simplemente me comprometo a hacer cualquier tarea que me asignen con toda mi fuerza, energía, corazón y alma.

Gracias porque mis esfuerzos honestos y mi buena actitud serán obvios para mis superiores, de manera que los aumentos de salario y las promociones vendrán como una consecuencia lógica. Ayúdame a buscar siempre cómo incrementar mi contribución al éxito de mi departamento y de toda la compañía. De esta manera hallaré favor delante de ti y de los demás.

En el nombre de Jesús, amén.

Referencias bíblicas

Salmo 118:24
Proverbios 4:20-22
Santiago 4:7
Proverbios 2:7
Juan 16:13
Deuteronomio 28:12
1 Corintios 2:16
Romanos 12:2
2 Timoteo 2:24
Proverbios 10:22
Salmo 75:6,7
Efesios 6:10
Salmo 5:12

Oración por la compañía

Padre, hoy oro por_______________. Gracias por esta organización y por la oportunidad de ser parte de ella. Estoy agradecido por ganar el sueldo que esta firma provee para mí y para mi familia y por la bendición que ha sido para mí y para todos sus empleados.

Padre, te doy gracias porque__________ goza de buena reputación y está bien vista tanto por sus clientes como por sus proveedores. Gracias porque progresa y genera ganancia, porque le diste gracia delante de sus clientes y porque continúas dando sabiduría y discernimiento a los que ocupan puestos importantes donde se toman decisiones.

Es mi oración que________________continúe creciendo y prosperando. Gracias por incrementar las ventas y expandir los mercados.

Gracias, Padre, por la creatividad que es evidente en las diferentes áreas de la compañía, por las nuevas ideas de productos y nuevos conceptos en servicios, por las innovaciones y las técnicas que mantienen a la empresa vibrante, viva y en crecimiento.

Te pido, Señor, que la bendigas y que sea una bendición para los mercados en los que sirve, y también las vidas que están invertidas en ella en el trabajo de cada día.

En el nombre de Jesús, amén.

Referencias bíblicas

1 Timoteo 2:1-3	Proverbios 3:21
3 Juan 2	Salmo 115:14
Josué 1:8	Proverbios 8:12
Salmo 5:12	Malaquías 3:12
Proverbios 2:7	Hebreos 6:14

Oración por los ejecutivos de la compañía

Padre, en el nombre de Jesús, te doy gracias por el privilegio de servirte como un empleado aquí en___________________________. Te pido que envíes a tu Espíritu Santo para enseñarme a orar por el bien de la compañía, para que tu nombre sea glorificado.

Oro por aquellos que ocupan puestos de autoridad y liderazgo. Ofrezco esta oración en nombre de los ejecutivos de la empresa, pidiéndote que cambies sus corazones de la forma que tú quieras.

Oro por el presidente y los otros ejecutivos, gracias por su compromiso y dedicación a esta compañía. Gracias porque son honrados y honestos en todos sus tratos comerciales. Gracias por darles ideas nuevas y creativas sobre cómo cumplir mejor sus deberes y responsabilidades y completar así la tarea que les encomendaste.

Dales perspicacia y entendimiento más allá de la razón. Gracias por tu unción sobre ellos, que va más allá de sus capacidades y talentos. Dales, te pido, dirección clara y definida para que sepan qué hacer y cómo hacerlo. Otórgales la visión para desarrollar nuevas ideas y conceptos, y la habilidad para implementarlas por el bien de todos los involucrados.

Ayúdalos, Padre, a ser sensibles a las necesidades de cada individuo en esta empresa. Dales la habilidad de balancear las finanzas y los recursos humanos que tienen a su disposición y visión y discernimiento sobrenatural para los asuntos concernientes al personal.

Gracias, Padre, porque reciben toda la información pertinente que es necesaria para tomar decisiones buenas y correctas. Ayúdame a ser una bendición para ellos, a respetarlos y darles el honor que se merecen. Que siempre pueda ser una ayuda para ellos y no una carga.

Gracias, porque cuando oramos en obediencia a tu voluntad por aquellos que ocupan cargos de autoridad o grandes responsabilidades, experimentamos exteriormente una vida tranquila y sin disturbios, e interiormente una vida apacible en toda santidad, reverencia y seriedad en todas las formas.

Durante estos días de cambios constantes, ayuda a los que tienen autoridad a mantener una actitud positiva y que se alegren cuando se encuentren en diversas pruebas, sabiendo que la prueba de su fe produce paciencia. Ayúdales a recordar que la paciencia es la fuerza que les permitirá perseverar.

En el nombre de Jesús, le ordeno al espíritu de temor que se aleje de los dueños y directores de esta organización. Vestido con la armadura de Dios, resisto cualquier presión o ansiedad que ocasione que tomen decisiones apresuradas o poco sabias. Ayúdalos a discernir entre las opciones buenas y malas y a tomar decisiones sabias, decisiones que contribuirán al crecimiento de esta compañía y que obren en beneficio de cada empleado.

En el nombre de Jesús, amén.

Referencias bíblicas

2 Tesalonicenses 1:12
Proverbios 21:1
Salmo 25:21
Romanos 12:17
Efesios 1:9,17
Proverbios 3:5,6
Salmo 37:23
1 Timoteo 2:1-3
Isaías 33:6
Santiago 1:2-4
Hebreos 10:35,36
2 Timoteo 1:7
Efesios 6:11-18

Oración por un superior

Padre, tú dices en tu Palabra que debemos orar por aquellos que ejercen autoridad sobre nosotros, y hoy te pido por mi supervisor/jefe. Te pido que le des claridad de pensamiento en cada decisión que se tome en este día. Ayúdalo a identificar con claridad y encarar con exactitud cada problema potencial; a tomar decisiones correctas, a responder y no a reaccionar, ante cualquier situación o circunstancia que pudiera presentarse en el curso de este día.

Te pido, Padre, que lo ayudes a establecer las prioridades correctas de este día. Revélale cuáles son las tareas más importantes del día y haz que nos inspire a desarrollar nuestros deberes con lo mejor de nuestra capacidad.

Te pido que lo hagas sensible a las necesidades de los que están bajo su supervisión, de los que trabajan con él. Ayúdalo a darse cuenta de que no todos son iguales y que no hay dos personas que reaccionen de la misma manera. Ayúdalo a adaptar su estilo o técnicas administrativas a las fortalezas, debilidades y al tipo de personalidad de cada individuo. Otórgale la habilidad de dirigir más allá de sus dones y talentos naturales. Te pido que se apoye en ti, recibiendo fortaleza, sabiduría y discernimiento de tu parte.

Me propongo en mi corazón poner guarda sobre mi boca. Rehúso decir cualquier cosa negativa o irrespetuosa acerca de mi supervisor/jefe. Decido apoyarlo y solo decir cosas buenas acerca de él.

Señor, te pido que le des un espíritu apacible, para que aun en medio de la confusión pueda actuar con seguridad y confianza y tomar decisiones sabias. Ayúdame a ser sensible a sus necesidades y responsabilidades. Señor, muéstrame maneras de apoyarlo y ayudarlo en el desarrollo de sus deberes.

Padre, tú has dicho en tu Palabra que tu espíritu nos mostrará las cosas por venir. Te pido que le muestres a mi supervisor/jefe la solución a los pequeños problemas antes de que estos se hagan grandes. Dale ideas creativas sobre cómo guiar y dirigir mejor su departamento.

Por todas estas cosas te doy gracias, alabanza y gloria en el nombre de Jesús. Amén.

Referencias bíblicas

1 Timoteo 2:1-3	Isaías 40:29-31
1 Corintios 2:16	Filipenses 4:7
Efesios 4:23,24	Hebreos 12:14
Mateo 6:33	Juan 14:26
Romanos 12:10	Juan 16:13

Oración por uno mismo

Señor, ayúdame a dar hoy lo mejor de mí. Me doy ciento por ciento a mi empresa. Ayúdame a ser el trabajador más valioso posible, una persona sensible a las necesidades de mis compañeros y que reacciona bien a los deseos de su jefe. Me propongo realizar mis tareas con espíritu de excelencia, hacer todo lo que se requiere de mí, y aun más allá de lo que se requiere de mí, que sea una bendición para otros y una persona de valor para esta compañía.

Señor, me propongo en el corazón cumplir mis deberes con lo mejor de mis habilidades. Prometo nunca eludir mis responsabilidades ni ser flojo en mi trabajo. Si cometo un error, seré sincero, honesto y franco, admitiéndolo y haciendo todo lo que puedo para corregirlo.

Prometo no tratar de impresionar a nadie, sino hacer mi trabajo con humildad, callada y eficientemente. No trataré de estirar la verdad o de dar la impresión de que algo es verdad si no lo es. No seré flojo ni holgazán, sino responsable y confiable en todos mis tratos de negocio.

Haré lo mejor para establecer y mantener buenas relaciones con mis compañeros y mis superiores. Tengo la responsabilidad de ser un trabajador fiel y devoto. Haré todo lo que venga a mis manos con energía y entusiasmo y con todo lo mejor de mí. Haré todo lo que esté a mi alcance para ser el empleado más productivo de la empresa. Prometo solemnemente que no seré otra cosa, sino una bendición para la compañía.

Señor, sé que los ascensos vienen de ti. Te agradezco que la fidelidad tendrá recompensa y que voy a abundar en bendiciones. Te agradezco que mi actitud, compromiso y desempeño en el trabajo será evidente entre las personas para quienes trabajo, y que el reconocimiento, la promoción, los beneficios y los aumentos de salario vendrán como una consecuencia.

Gracias por la oportunidad de verte actuar poderosamente a mi favor. Invoco al Todopoderoso, quien está hoy en mí, para que me dé fortaleza, conocimiento, sabiduría y habilidad más allá de los límites humanos. Gracias porque hoy operaré sobrenaturalmente, por el poder de tu Santo Espíritu que mora en mí, para que pueda desempeñar mis deberes con extraordinaria precisión y excelencia.

Oro en el nombre de Jesús, amén.

Referencias bíblicas

Proverbios 16:3
Daniel 5:12
Proverbios 17:27
Proverbios 10:4
Proverbios 22:29
Romanos 12:17
Colosenses 3:17
Proverbios 28:20
2 Crónicas 16:9
1 Juan 4:4
Salmo 75:6,7

Oración por un incremento en la productividad personal

Padre, vengo delante de ti con sentimientos de frustración porque no estoy satisfecho con mi desempeño en el trabajo. Parece que no estoy produciendo lo que debo producir porque no soy todo lo eficiente que necesito ser.

Padre, te pido que me ayudes a planear mi día, prestar atención a mis deberes, mantenerme concentrado en mis tareas, establecer prioridades en mi trabajo y hacer progresos firmes hacia mis objetivos.

Dame discernimiento, Padre. Ayúdame a detectar cualquier hábito que tienda a hacerme improductivo. Revélame cómo encarar mejor las tareas tediosas que debo realizar, para que pueda alcanzar los mejores resultados posibles. Ayúdame a organizar mis esfuerzos, programar mis actividades y administrar mi tiempo.

Señor, a través de un libro, de los compañeros de trabajo o por cualquier medio que tú elijas, revélame por tu Santo Espíritu lo que necesito saber y hacer para transformarme en un trabajador más productivo y fructífero.

El deseo de mi corazón es darte, a ti y a mi empleador, lo mejor de mí. Cuando me sienta frustrado porque esto no sucede, ayúdame Padre, por el poder de tu Santo Espíritu, para hacer todo lo necesario y así corregir la situación de manera que de nuevo sea competente y me desempeñe con precisión y pericia.

Gracias, Señor, por hacer que todas estas cosas sucedan en mi vida.

En el nombre de Jesús, amén.

Referencias bíblicas

Salmo 118:24
Proverbios 16:9
Proverbios 19:21
Efesios 1:17
Salmo 119:99
Proverbios 9:10
1 Corintios 4:5

Oración cuando hay persecución en el trabajo

Padre, vengo delante de ti en nombre del que es sobre todo nombre, en el nombre de Jesús. Tu nombre es una torre fuerte a la cual puedo correr y estar seguro cuando me persiguen en el trabajo.

Señor, admito que estas palabras desagradables realmente me lastiman. Deseo que mi jefe y mis compañeros de trabajo me acepten, pero anhelo obedecerte y seguir tus mandamientos. Sé que a Jesús le tentaron como a mí, pero no cedió ante el pecado ni el odio. Por favor, dame tu misericordia y tu gracia para sobrellevar esta situación. Te ruego que me confortes, eres un verdadero amigo en todo momento.

Gracias, Señor, por no rechazarme ni dejarme nunca solo. Tomo la decisión de perdonar a las personas que dijeron cosas desagradables acerca de mí. Te pido que obres este perdón en mi corazón. Me someto a ti y rechazo todo sentimiento de desilusión y enojo que atenta consumirme. Específicamente perdono ahora mismo a_______________ ____________.

Te pido que hagas que esta situación se transforme en un bien para mi vida. A ti, Señor, elevo mi alma; mi Dios, en ti confío; no permitas que sea yo humillado, no dejes que mis enemigos se burlen de mí (Salmo 25:1,2 NVI).

Porque te amo, oh Señor, tú me rescatarás y protegerás porque reconozco tu nombre. Te invocaré y tú me responderás; estarás conmigo en los momentos de angustia, me liberarás y me llenarás de honores.

Padre, resistiré la tentación de contestar con ira. Me propongo amar a ________________con el amor de Jesús en mí. Misericordia y verdad están escritas en las tablas de mi corazón, por lo tanto, tú harás que halle gracia y comprensión con mi jefe y mis compañeros. No permitas que me fíe de mi propia prudencia para que pueda caminar en tu rectitud. Gracias por enviarme y darme amigos que me apoyarán y me enseñarán a guardar mi corazón con toda diligencia.

Declaro que en todas estas cosas soy más que vencedor por medio de Jesucristo, quien me amó. Estaré confiado en tu sabiduría cuando trabajo, porque tú me la has provisto. Tengo ánimo y te pido que me des valor para hablar mientras hago mi trabajo.

En el nombre de Jesús, amén.

Referencias bíblicas

Filipenses 2:9
Proverbios 18:10
Hebreos 4:15
Proverbios 17:17
Hebreos 13:5
Proverbios 16:4
Salmo 91:14,15
Proverbios 3:3,4
Proverbios 4:23
Romanos 8:37
Proverbios 8:12
Salmo 31:24
Efesios 6:19

Oración cuando nos pasan por alto en un ascenso

Padre, en el nombre de Jesús vengo delante de tu trono de gracia para recibir apropiado y oportuno socorro. Siento que mi jefe ha sido injusto conmigo en los cambios recientes efectuados en la compañía. Ascendieron a otra persona al cargo que yo aspiraba y que todavía creo que justamente merecía.

No puedo cambiar esta situación, por eso busco tu ayuda para sobreponerme al enojo y la desilusión. Perdóname por las acusaciones que hice en contra de mi jefe. Vengo a ti arrepentido, derribando argumentos y toda altivez que se levanta contra el conocimiento tuyo.

Señor, eres tú quien me da más y más gracia (poder del Espíritu Santo para resistir completamente estas tendencias perversas, estos pensamientos de autoexaltación y orgullo, y todo lo demás). Elijo mostrar a través de mi forma recta de vivir, mis [buenas] obras con la humildad [que es el atributo correcto] de la verdadera sabiduría.

Tu Palabra dice que me goce con los que se gozan, así que me gozo con la persona que ascendieron. Reconozco, Señor, que esta persona no habría recibido este ascenso si no lo hubiera merecido.

Pongo a un lado mis sentimientos y te pido que le bendigas ricamente. Rehúso permitir que una raíz de amargura en contra de esta persona o de la compañía brote en mi corazón y envenene mi vida. Me niego a culpar a alguien por esta situación, sino que la entrego completamente a ti.

Señor, pongo mi situación y mi futuro en tus manos, comprometiéndome con más firmeza que nunca a hacer lo mejor con los dones y talentos que me diste. Si hay malos hábitos en mi trabajo o actitudes impropias en mi corazón que evitan que me asciendan, te pido que me lo reveles y me ayudes a superarlos.

No trataré de promoverme ni de atraer la atención de las personas, sino que atraeré tu atención, usando lo mejor de mis habilidades para hacer mi trabajo.

Ayúdame a escribir amor y misericordia en las tablas de mi corazón. Entonces obtendré gracia y buena reputación ante los ojos de Dios y de los hombres. Elijo confiar en ti con todo mi corazón y no apoyarme en mi propia inteligencia; en reconocerte en todos mis caminos, y tú enderezarás mis caminos.

Rehúso tomar una decisión apresurada, sabiendo que los planes bien pensados llevan a obtener ganancia, de la misma manera en que los planes apresurados llevan al fracaso.

Tú eres mi ayuda en este tiempo de angustia, con la ayuda del Espíritu Santo me humillo [sintiéndome muy insignificante] en tu presencia, y tú me exaltarás [pondrás en alto mi vida y harás que sea significativa].

Padre, te ruego que me den un ascenso apropiado en el tiempo correcto. Porque ni de oriente ni de occidente, ni del desierto viene el enaltecimiento. Mas Dios es el juez.

En el nombre de Jesús, amén.

Referencias bíblicas

Hebreos 4:16	Hebreos 12:15
2 Corintios 10:5	Proverbios 3:3-6
Santiago 4:6	Proverbios 21:5
Santiago 3:13	Santiago 4:10
Romanos 12:15	Salmo 75:6

Oración al dejar el trabajo

Padre, te doy gracias por este día. Ahora doy un paso afuera del papel de empleado hacia el papel de esposo y padre.

Señor, gracias porque no cargo el equipaje de este día conmigo, sino que lo dejo en la oficina. Cualquiera sean las responsabilidades, problemas o situaciones que haya tenido que enfrentar allí, no importa cuán difícil haya podido ser el día para mí, te lo entrego todo a ti. Por un acto de mi voluntad, decido no pensar ni meditar sobre eso, ni dejar que controle mi vida.

Con el mismo celo, entusiasmo y fervor que comencé el día, ahora regreso a casa. Mi esposa e hijos merecen un padre que se alegra de verlos, alguien que esté lleno de energía, felicidad y gozo. Rehúso arrastrarme a través del umbral cansado, consumido y abatido por las actividades del día.

Padre, concédeme ahora una renovación para la segunda parte del día. Gracias porque tu gozo rebosa en mi corazón, y llego a casa como una solución, no como un problema. Al entrar por la puerta, permíteme traer gozo, paz y vida, no miseria, frustración y fatiga.

Señor, te pido que me fortalezcas: espíritu, alma y cuerpo. Llena mi corazón de tu amor y tu gracia. Limpia mi mente de las telarañas del día. Gracias porque puedo optar por poner una sonrisa en mi rostro y alegría en mi corazón. Que puedo determinar por adelantado tener una preciosa noche con mi familia. Gracias porque puedo traer a mi familia un carácter y una personalidad de alguien que te ama y ama a su esposa y a sus hijos.

Señor, ayúdame a ser sensible a las necesidades de mi esposa. Ayúdame a escucharla cuando me cuenta sobre su día. Ayúdame a sentir su entusiasmo, sus momentos de triunfo y ser comprensivo en sus momentos de estrés y ansiedad. Comprendo que no hay trabajo más fuerte ni más difícil que equilibrar las demandas de la vida diaria y la crianza y provisión para los hijos.

Ayúdame a ser sensible a las necesidades de mi esposa. Ayúdame a expresarle que valoro su aporte a la familia, que la amo y aprecio todo lo que hace por mí y por los niños.

Señor, ayúdame para que nunca, bajo ninguna circunstancia, ya sea de palabra o de hecho, sea condescendiente o insinúe que valoro menos sus responsabilidades o que las considero subordinadas a las mías. Ayúdame a animarla y a fortalecerla, a ser su mejor amigo y su más íntimo confidente.

Señor, sé que mi esposa y yo somos los que más influencia tenemos en la vida de nuestros hijos. Ayúdame a modelar mi papel de padre que ellos necesitan. Gracias por fortalecer físicamente mi cuerpo para poder jugar con mis hijos en la noche. Gracias porque aclaras mi mente para ser sensible a sus conversaciones y estar a tono con los sucesos de su día. Ayúdame a no considerar triviales los detalles de sus vidas ni sus actividades diarias, sino ayúdame a ver las cosas desde su perspectiva y punto de vista.

Señor, ayúdame a reaccionar con entusiasmo ante cualquier cosa que hoy los haya hecho felices. Ayúdame a ser tierno y comprensivo en cuanto a cualquier desafío que hayan tenido que enfrentar hoy en su mundo. Ayúdame, Señor, a infundir en ellos confianza y dependencia de ti.

Ayúdame a presentar lo que hago de tal manera que nunca lo resientan, sino que reconozcan que mi trabajo es un regalo tuyo a través del cual bendices a nuestra familia, de forma que es una contribución positiva a nuestras vidas.

Ayúdame a nunca hablar mal de alguna persona de mi lugar de trabajo, o decir algo que a mi familia le dé ideas, actitudes o pensamientos equivocados de mi trabajo. Ayúdame a dedicarles mi tiempo esta tarde a mi esposa y mis hijos. Gracias por el regalo del Espíritu Santo que me da el poder para hacer el trabajo al cual me llamaste y para cumplir el papel que me confiaste en mi hogar.

En el nombre de Jesús, amén.

Referencias bíblicas

Salmo 19:14
Salmo 28:7
Proverbios 17:22
Isaías 40:29
Isaías 41:10
Salmo 127:3-5
Joel 3:10
Efesios 4:32
1 Timoteo 4:14
Proverbios 15:23
Romanos 13:10
Hechos 1:8

Cuarta Parte

Oraciones personales

Caminar en el mundo

Padre, en el nombre de Jesús, *me comprometo a caminar en tu Palabra*. Tu Palabra vive en mí y produce tu vida en este mundo. Reconozco que tu Palabra es íntegra, sólida, segura, eterna, y confío mi vida a tus provisiones.

Enviaste tu Palabra a mi corazón. Dejo que more en mí ricamente en toda sabiduría. Medito en ella de día y de noche para actuar con diligencia de acuerdo con ella. La simiente incorruptible, la Palabra viviente, la Palabra de verdad permanece en mi espíritu. La semilla está creciendo con fuerza en mí, produciendo tu naturaleza, tu vida. Es mi consejera, mi escudo, mi cinturón, mi arma poderosa en la batalla. Lámpara es a mis pies tu Palabra y lumbrera a mi camino. Endereza el camino delante de mí. No tropezaré, porque tu Palabra ordena mis pasos.

El Espíritu Santo me dirige y me guía a toda verdad. Me da entendimiento, discernimiento y comprensión de manera que me preservo de las trampas del maligno.

Me deleito en ti y en tu Palabra. Por eso, tú pones tus deseos en mi corazón. Encomiendo mi camino a ti y tú me ayudas a realizarlo. Confío en que ahora estás obrando en mí, para realizar tu buena voluntad y hacer todo lo que te plazca.

Exalto tu Palabra, la tengo en gran estima y le doy el primer lugar. *Programo mi vida alrededor de tu Palabra.* Hago de tu Palabra la autoridad final para resolver todos los asuntos que confronto. Decido estar de acuerdo con tu Palabra y en desacuerdo con cualquier pensamiento, condición o circunstancia contraria a tu Palabra. Con valor y confianza declaro que mi corazón está asentado y afirmado en el fundamento sólido, ¡la Palabra viviente de Dios!

Referencias bíblicas

Hebreos 4:12
Colosenses 3:16
Josué 1:8
1 Pedro 1:23
Salmo 91:4
Salmo 119:105
Salmo 37:23
Colosenses 1:9
Juan 16:13
1 Pedro 3:12
Colosenses 4:2
Efesios 6:10
Lucas 18:1
Santiago 5:16
Salmo 37:4,5
Filipenses 2:13
2 Corintios 10:5
Salmo 112:7,8

Regocijarse en el Señor

Padre, este es el día que tú hiciste. ¡Me gozaré y alegraré en él! Siempre me regocijo en ti. Y digo nuevamente, me regocijo. Me deleito en ti, Señor. ¡Soy feliz porque Dios es mi Señor!

Padre, gracias por amarme y regocijarte sobre mí con alegría. ¡Aleluya! Soy redimido. Vengo con canciones y el gozo que perdura está sobre mi cabeza. Tengo gozo y alegría, la tristeza y el pesar huyen. Ese espíritu de alegría, gozo y risa es mi herencia. Donde está el Espíritu del Señor hay libertad, emancipación de la esclavitud, libertad. Camino en esa libertad.

Padre, te alabo con labios gozosos. Siempre estoy lleno y estimulado con el Espíritu Santo. Hablo con salmos e himnos y hago melodías para ti con todo mi corazón, Señor. Mi corazón feliz es buena medicina y mi mente alegre obra sanidad. La luz en mis ojos alegra los corazones de otros. Tengo buena reputación. Mi semblante irradia el gozo del Señor.

Padre, gracias porque llevo mucho fruto de oración. Pido en el nombre del Señor, y recibiré para que mi gozo (alegría, deleite) sea cumplido, completo y rebosante. El gozo del Señor es mi *fortaleza*. Por lo tanto, cuento todo como gozo, todo como fortaleza al enfrentar las pruebas y dificultades de cualquier tipo, porque soy fuerte en ti, Padre.

Tengo la *victoria* en el nombre de Jesús. Satanás está bajo mis pies. Las circunstancias adversas no me llevan de aquí para allá. He sido hecho justicia de Dios en Cristo Jesús. Habito en el Reino de Dios y tengo paz y alegría en el Espíritu Santo. ¡Alabado sea el Señor!

Referencias bíblicas

Salmo 118:24
Filipenses 4:4
Filipenses 3:1
Salmo 144:15
Sofonías 3:17
Isaías 51:11
2 Corintios 3:17
Santiago 1:25
Salmo 63:5
Efesios 5:18.19
Proverbios 17:22
Proverbios 15:30
Filipenses 4:8
Proverbios 15:13
Juan 15:7,8
Juan 16:23
Nehemías 8:10
Santiago 1:2
Efesios 6:10
1 Juan 5:4
Proverbios 15:30
Efesios 1:22
2 Corintios 5:7
2 Corintios 5:21
Romanos 14:17

Tener confianza

Jehová Dios, soy tu hijo. Tú eres mi Padre. Tu presencia va conmigo y estoy listo para enfrentar cada día con sus nuevos comienzos. El ayer se fue. Las cosas viejas pasaron, he aquí todas son hechas nuevas; todas las cosas son tuyas.

Una vez yo fui «oscuridad», pero ahora como cristiano soy «luz». Vivo como hijo de luz. La luz produce en mí todo lo que es bueno, recto y verdadero. Deseo para mi vida ser un testimonio viviente de las cosas que te agradan. La luz tiene la capacidad de mostrar todo como realmente es.

Haré todo lo que debo hacer sin quejarme ni argumentar, para ser puro e intachable, hijo de Dios sin culpa en medio de una generación torcida y depravada, brillando como una luz en un mundo oscuro.

Tú, Padre, eres el labrador de la viña; Jesús es la vid; yo soy una rama. Llevo mucho fruto en todo mi trabajo, porque comparto su vida y él comparte la mía. Siempre haces que triunfe en Cristo Jesús, en cuyo nombre oro. Amén.

Referencias bíblicas

2 Corintios 5:17,18
Efesios 5:8-11,13
Filipenses 2:14,15
Juan 15:1-7
2 Corintios 2:14

Ejercitar la autodisciplina

LECTURA DEVOCIONAL

Más vale ser paciente que valiente; más vale dominarse a sí mismo que conquistar ciudades.

Proverbios 16:32 NVI

«La conquista y el autocontrol interno son mejores que la conquista de los enemigos externos».[1]

ORACIÓN

Padre, deseo ser autodisciplinado. Afirmo que estoy madurando en el fruto del Espíritu, que es amor, gozo, paz, paciencia, benignidad, bondad, fe, mansedumbre y templanza. Contra tales cosas no hay ley. Le pertenezco a Cristo Jesús y he crucificado la naturaleza pecaminosa junto con sus deseos y pasiones. Como vivo por el Espíritu, me mantendré a su paso. Me resisto y no le doy lugar a los sentimientos de engreimiento ni a la tentación de envidiar o provocar a otros.

Recibo cada Palabra, porque viene de Dios (dada por su inspiración) y es útil para enseñar, para redargüir, para corregir, y disciplinar en obediencia [y] para instruir en justicia (vivir en santidad, en conformidad con tu voluntad en pensamiento, propósito y acción). Esto me permite ser completo y competente, bien preparado y equipado para toda buena obra.

Señor, no me has dado un espíritu de timidez, sino de poder, de amor y de dominio propio.

Tu divino poder, al darnos el conocimiento de aquel que nos llamó por su propia gloria y potencia, nos ha concedido todas las cosas que necesitamos para vivir como Dios manda. Así Dios nos ha entregado sus preciosas y magníficas promesas para que luego de escapar de la corrupción que hay en el mundo debido a los malos deseos, lleguen a tener parte en la naturaleza divina. Precisamente por eso, yo me esfuerzo por añadir a la fe, virtud; a la virtud, entendimiento; al entendimiento, dominio propio, constancia; a la constancia, devoción a Dios; a la devoción a Dios, afecto fraternal; y al afecto fraternal, amor. Porque estas cualidades, si abundan en ustedes, les harán crecer en el conocimiento de nuestro Señor Jesucristo, en cuyo nombre oro. Amén.

Referencias bíblicas

Gálatas 5:23-26	2 Timoteo 1:7
2 Timoteo 3:16,17	2 Pedro 1:3-10

[1]Dake, Finis— *Dake's Annotated Reference Bible*. (Lawrenceville: Dake Bible Sales, 1963) p. 653.

Tener la autoestima apropiada

Padre, Jesús dijo que debo amarte con todo mi corazón, con toda mi alma y con toda mi mente (intelecto). Este es el más grande (más importante, principal) y primer mandamiento. El segundo es parecido: debo amar a mi prójimo como (me amo) a mí mismo.

Deseo tener una autoestima apropiada y aceptarme de la forma que tú me creaste.

Padre, tú me amas por lo que soy. Fuiste tú el que me creaste, y tú quien me formó. Me has redimido [rescatado, pagando un precio en lugar de dejarme cautivo de Satanás]. Me llamas por mi nombre. Me dices que era tuyo. Antes de formarme en el vientre de mi madre me conociste y me aprobaste [como instrumento escogido tuyo], y antes que naciera me separaste y me pusiste aparte, consagrándome; [y] me elegiste para un trabajo especial. Me conoces por mi nombre, y he hallado gracia ante tus ojos.

Evalúo mi habilidad con juicio sobrio, de acuerdo con el grado de fe que me diste. De la misma manera que en un cuerpo tenemos muchas partes (órganos, miembros) y todas estas partes no tienen la misma función ni el mismo uso, así somos un cuerpo en Cristo e individualmente somos parte uno del otro [mutuamente dependientes uno de otros]. Gracias por darme dones (facultades, talentos, cualidades) que son diferentes y únicos según la gracia que me fue dada. Los dearrollaré y los usaré.

Enfrento mis sentimientos de incapacidad, fracaso y rechazo, sabiendo que el perfecto amor echa fuera el temor. Tú creaste mis entrañas. Me formaste en el vientre de mi madre. Te alabo porque soy una creación admirable. Tus obras son maravillosas; lo sé muy bien. Me acepto a mí mismo porque tú me has recibido y aceptado en el Amado.

En el nombre de Jesús, amén.

Referencias bíblicas

Mateo 22:27-39	Romanos 12:3-6
Isaías 43:1	1 Juan 4:18
Jeremías 1:5	Salmo 139:13,14
Éxodo 33:12	Efesios 1:6

Obtener y mantener un carácter que reverencie a Dios

Padre, deseo adquirir sabiduría y disciplina. Te pido la habilidad de discernir palabras de inteligencia. Por tu gracia, estoy adquiriendo una vida prudente y disciplinada, haciendo lo que es correcto, justo y bueno.

Gracias por darme prudencia, conocimiento y discreción. Como una persona sabia, escucho y adquiero conocimiento, y como una persona con discernimiento, acepto la guía (de manera que pueda dirigir mi camino correctamente).

Gracias porque comprendo los proverbios y las parábolas, los dichos de los sabios y sus enigmas.

En el nombre de Jesús, amén.

Referencias bíblicas

Proverbios 1:2-7 Proverbios 1:5

Estar bien equilibrado

Padre, en el nombre de Jesús, vengo confiadamente al trono de tu gracia para alcanzar misericordia y hallar gracia para el oportuno socorro.

Perdóname, Padre, por quedar atrapado en mi propio orgullo. A veces me comporto como si fuera indispensable en la casa, en la oficina, en la iglesia y en otras situaciones. Me siento irritable y fatigado, sintiendo que nadie aprecia todo lo que hago. Ayúdame a dar un paso atrás y hacer un inventario personal. Mi espíritu es una lámpara tuya que escudriña lo más recóndito del ser.

Jesús dijo: **Vengan a mi todos ustedes que están cansados y agobiados, y yo les daré descanso. Carguen con mi yugo y aprendan de mí, pues soy apacible y humilde de corazón, y encontrarán descanso para su alma. Porque mi yugo es suave y mi carga liviana** (Mateo 11:28-30, NVI).

Señor, no solo estoy unido en yugo contigo, sino también con mi esposa, con mis colegas y las otras personas que enviaste a mi vida. No estoy solo, y no puedo llevar esto solo. Ayúdame a resistir la tentación de unirme en yugo con los que no son creyentes para recibir beneficios financieros.

Hay un tiempo para todo, y una hora para cada actividad debajo del cielo. Ayúdame a mantener mis prioridades en orden y a cumplir mi llamado y mis responsabilidades en casa como esposo y padre. Mientras estoy en el trabajo, ayúdame a estar concentrado. También, ayúdame a tomar tiempo para encontrar descanso —alivio, refrigerio, recreación y bendita quietud— para mi alma.

Te entrego todo (mi ansiedad, mis preocupaciones, de una vez y para siempre), porque tú me cuidas con cariño y atención. Afirmo que estoy bien equilibrado (templado, sobrio de mente), vigilante y precavido en todo momento; porque ese enemigo mío, el diablo, anda como león rugiente (hambriento), buscando a quien devorar. En el nombre de Jesús, lo resisto; firme en la fe (contra su asalto, arraigado, establecido, fuerte, inamovible y determinado). Y después que haya sufrido un poco de tiempo, tú, el Dios de toda gracia [quien imparte toda bendición y gracia], que me llamó a su eterna gloria en Cristo Jesús, me completarás y me harás lo que debo ser, me afirmarás, fortalecerás y establecerás.

A ti sea el dominio (poder, autoridad, gobierno) por todos los siglos.

Amén (así sea).

Referencias bíblicas

Hebreos 4:16
Proverbios 20:27
2 Corintios 6:14
Eclesiastés 3:1
Mateo 11:29
1 Pedro 5:7-11

Agradar a Dios antes que a los hombres

Padre, mi deseo es agradarte a ti antes que a los hombres. Perdóname por amar más la aprobación, la alabanza y la gloria de los hombres que [en lugar de] la gloria que viene de ti. [Valoro más el crédito que tengo contigo que el crédito frente a los hombres].

Declaro que estoy libre del temor del hombre, que lleva hacia una trampa. Descanso, confío y pongo mi confianza en ti. Estoy a salvo y en lo alto.

Estoy reconfortado y animado y con confianza y con audacia digo: «El Señor es quien me ayuda; no temeré [no me asustaré, ni me aterrorizaré]. ¿Qué me puede hacer un simple mortal?»

Padre, al igual que enviaste a Jesús, me has enviado a mí. Siempre estás conmigo, porque siempre busco hacer lo que te agrada.

En el nombre de Jesús, amén.

Referencias bíblicas

Juan 12:43
Proverbios 29:25
Hebreos 13:16
Juan 17:18
Juan 8:29

Recibir a Jesús como Salvador y Señor

Padre, está escrito en tu Palabra que si confieso con mi boca que Jesús es Señor y creo en mi corazón que lo levantaste de los muertos, seré salvo. Por lo tanto, Padre, confieso que Jesús es mi Señor. Desde este momento lo hago Señor de mi vida. Creo con mi corazón que tú lo levantaste de los muertos. Renuncio a mi vida pasada con Satanás y cierro la puerta a cualquiera de sus ardides.

Te doy gracias por perdonarme todos mis pecados. Jesús es mi Señor, y yo soy una nueva criatura. Las cosas viejas pasaron. Ahora todas son nuevas en el nombre de Jesús. Amén.

Referencias bíblicas

Juan 3:16
Juan 6:37
Juan 10:10b
Romanos 3:23
2 Corintios 5:19
Juan 16:8,9
Romanos 5:8
Juan 14:6
Romanos 10:9,10
Romanos 10:13
Efesios 2:1-10
2 Corintios 5:17
Juan 1:12
2 Corintios 5:21

Recibir la plenitud del Espíritu Santo

Padre celestial, soy tu hijo, porque creo en mi corazón que Jesús resucitó de entre los muertos y lo confieso como mi Señor.

Jesús dijo: «¿Cuánto más vuestro Padre celestial dará el Espíritu Santo a los que se lo pidan?» Te pido en el nombre de Jesús que me llenes ahora con el Espíritu Santo. Entro en la plenitud y el poder que deseo en el nombre de Jesús. Confieso que soy un cristiano lleno del Espíritu. Al ceder mis órganos vocales, espero hablar en lenguas, porque el Espíritu Santo me lo da en el nombre de Jesús. ¡Alabado sea el Señor!

Referencias bíblicas

Juan 14:16,17
Lucas 11:13
Hechos 1:8
Hechos 2:4
Hechos 2:32,33,39
Hechos 8:12-17
Hechos 10:44-46
Hechos 19:2,5,6
1 Corintios 14:2-15
1 Corintios 14:18,27
Efesios 6:18
Judas 1:20

Introducción

Las oraciones de esta sección se crearon para ayudarlo a reconocer y superar algunos patrones de actitudes que pueden dificultar su éxito en la vida.

Con frecuencia, después de culpar a otros por nuestros errores, nos sorprendemos al descubrir la verdad: Somos nuestros peores enemigos. Patrones de pensamientos negativos producen resultados negativos. Patrones de pensamientos positivos basados en la Palabra de Dios promueven resultados positivos: **Cual es su pensamiento** (del hombre) **en su corazón, tal es él** (Proverbios 23:7).

Estas oraciones no son de manera alguna exhaustivas en su contenido. Pero orándolas con sinceridad, usted podrá rendirse al poder transformador del Espíritu Santo, quien lo ayudará a cambiar las perspectivas escépticas y fatalistas a la perspectiva de Dios. Sabe que es hechura de Dios y se ve a sí mismo como él lo ve a usted.

Muchas personas tratan de superar patrones de pensamientos destructivos a través de la modificación de la conducta sin transformación espiritual. Así no funciona.

Nuestros patrones de pensamientos lo formaron nuestra familia, el ambiente educativo, la sociedad y los dogmas religiosos. Somos transformados (cambiados) mediante la (total) renovación de nuestra mente [por sus nuevos ideales y actitudes], para que podamos comprobar [por nosotros mismos] cuál es la voluntad de Dios, buena, agradable y perfecta (Romanos 12:2, NVI). Aprendemos ciertas técnicas o conductas del éxito, pero es el cambio interno del corazón el más productivo y duradero.

Identificar los patrones de pensamientos destructivos que controlan nuestra conducta y actitudes es el primer paso para demoler las ideas destructivas que se levantan en contra del conocimiento de Dios. Usted y yo fuimos creados para actuar y tener éxito. Crea y afirme que usted es más que vencedor por medio de aquel que lo amó (Romanos 8:37).

Vivir libre de preocupaciones

Padre, te doy gracias por haberme liberado del poder de las tinieblas y trasladado al Reino de tu amado Hijo. *Me comprometo a vivir libre de preocupaciones, en el nombre de Jesús*, porque la ley del Espíritu de vida en Cristo Jesús me hace libre de la ley del pecado y de la muerte.

Me humillo bajo tu poderosa mano, para que me exaltes a su debido tiempo. Echo toda mi ansiedad (*nómbrelas*), todas mis preocupaciones, de una vez y para siempre, sobre ti. Tú te ocupas de mí con cariño y me cuidas. Tú me sostienes. ¡Tú nunca permitirás que el justo caiga, resbale o falle!

Padre, me deleito en ti y tú perfeccionas aquello que me concierne a mí.

Hecho fuera cualquier imaginación (razonamiento) y cualquier cosa que se exalte a sí misma en contra de tu conocimiento y hago cautivo todo pensamiento a la obediencia de Cristo. Me despojo de todo peso y del pecado de la preocupación que me asedia. Corro con paciencia la carrera que tengo por delante, puestos los ojos en Jesús, el autor y consumador de mi fe.

Te doy gracias, Padre, porque eres capaz de cuidar aquello que te encomendé. Pienso en (fijo mi mente en) aquellas cosas que son verdaderas, honestas, justas, puras, amables, de buen nombre, virtuosas y dignas de alabanza. No dejo que se turbe mi corazón. Permanezco en tus palabras y tus palabras permanecen en mí. Por lo tanto, Padre, no olvido la clase de persona que soy. Miro atentamente en la perfecta ley de la libertad y persevero en ella, no siendo un oidor olvidadizo, sino *hacedor de la Palabra*, y bienaventurado en todo lo que hago.

Gracias, Padre, porque *estoy libre de preocupaciones*. Camino en la paz que sobrepasa todo entendimiento, en el nombre de Jesús.

Referencias bíblicas

Colosenses 1:13	Hebreos 12:1,2
Romanos 8:2	2 Timoteo 1:12
1 Pedro 5:6,7	Filipenses 4:8
Salmo 55:22	Juan 14:1
Salmo 138:8	Santiago 1:22-25
2 Corintios 10:5	Filipenses 4:6

Prosperidad

Padre, vengo a ti, en el nombre de Jesús, respecto a mi situación financiera. Tú eres nuestro pronto auxilio en las tribulaciones, y eres más que suficiente. Tu Palabra declara que suplirás todas mis necesidades conforme a tus riquezas en gloria en Cristo Jesús.

(Si no ha diezmado ni ofrendado, incluya esta frase de arrepentimiento en su oración.) Perdóname por robarte en los diezmos y ofrendas. Me arrepiento y me propongo llevar todos los diezmos al templo para que haya alimento en tu casa. Gracias por tus sabios consejeros y maestros que me enseñan los principios de la buena mayordomía.

Señor de los ejércitos, tú dijiste: «Probadme ahora en esto ... si no os abriré las ventanas de los cielos, y derramaré sobre vosotros bendición hasta que sobreabunde». Reprenderás al devorador por mi causa. Mi corazón está lleno de agradecimiento.

Señor, mi Dios, debo recordar que eres tú quien me da el poder para hacer riquezas, a fin de confirmar tu pacto. En el nombre de Jesús, te adoro solo a ti, y no tendré otros dioses delante de mí.

Tú eres poderoso para hacer que abunde en mí toda gracia, todo favor y bendición terrenal, a fin de que teniendo siempre en todas las cosas lo suficiente, abunde para toda buena obra y donación de caridad. Amén.

Referencias bíblicas

Salmo 56:1
Filipenses 4:19
Malaquías 3:8-12
Deuteronomio 8:18-19
2 Corintios 9:8

Salud y sanidad

Padre, en el nombre de Jesús, vengo delante de ti pidiéndote que me sanes. Está escrito que la oración de fe salvará al enfermo, y el Señor lo levantará. Si he cometido pecados, perdóname. Dejo todo resentimiento, falta de perdón, enojo y malos pensamientos hacia alguien.

Mi cuerpo es el templo del Espíritu Santo, y deseo estar en buena salud. Busco lo que me hará libre, tanto espiritual *(tu Palabra)* como natural (*buenos hábitos de comida, medicamentos si son necesarios, ejercicio y descanso adecuado)*. Me compraste a un precio, y deseo glorificarte en mi espíritu y en mi cuerpo, ambos te pertenecen.

Gracias, Padre, por enviar tu Palabra para liberarme de toda destrucción. Jesús, tú eres la Palabra que se hizo carne y habitó entre nosotros. Tú llevaste nuestras tristezas (dolores) y sufriste nuestras penas (tristezas). Fuiste herido por nuestras rebeliones y molido por nuestras iniquidades. El castigo de mi paz fue sobre ti, y por tu llaga fui curado.

Padre, le presto atención a tu Palabra e inclino mi oído a tus dichos. No dejaré que se aparten de mis ojos, sino que las guardaré en medio de mi corazón, porque son mi vida y salud para todo mi cuerpo.

Como el Espíritu de aquel que levantó de los muertos a Jesús mora en mí, el que levantó de los muertos a Cristo Jesús vivificará también a mi cuerpo mortal por su Espíritu, que mora en mí.

Gracias porque voy a prosperar y a estar en buena salud, a la vez que prospera mi alma. Amén.

Referencias bíblicas

Santiago 5:15
1 Corintios 6:19-20
Salmo 107:20
Juan 1:14
Isaías 53:4-5
Proverbios 4:21,22
Salmo 103:3-5
Romanos 8:11
3 Juan 2

Victoria sobre el miedo

Padre, cuando tengo miedo, pondré mi confianza en ti. Sí, confiaré en tus promesas. Y como confío en ti, ¿qué podrá hacerme el hombre?

No me has dado espíritu de timidez, sino de poder, amor y disciplina (buen juicio). Así que no me avergüenzo de dar testimonio de mi Señor. No recibí espíritu de esclavitud que me lleve de nuevo al miedo, sino que recibí espíritu de adopción como hijo, por el cual puedo exclamar «¡Abba! ¡Padre!»

Jesús, tú me libraste, porque yo vivía siempre en esclavitud por temor de la muerte. Recibo el regalo que me dejaste, paz en la mente y el corazón. Y la paz que tú das no es frágil como la paz que el mundo da. Renuncio a todo pensamiento turbado y escojo no tener miedo. Creo en Dios; y creo también en ti.

Señor, tú eres mi luz y mi salvación, tú me proteges del peligro, ¿de quién he de atemorizarme? Cuando el hombre malo venga a destruirme, tropezará y caerá. Aunque un poderoso ejército marche contra mí, no tendré temor. Confío en que tú me salvarás.

Gracias, Espíritu Santo, por traer todas estas cosas a mi memoria cuando estoy tentado a tener miedo. Voy a confiar en mi Dios. En el nombre de Jesús. Amén.

Referencias bíblicas

Salmo 56:3-5	Hebreos 2:15
2 Timoteo 1:7,8	Juan 14:1,17
Romanos 8:15	Salmo 27:1-3

Superar la impaciencia

Padre, en el nombre de Jesús, te doy gracias por el Espíritu Santo, que me ayuda a desarrollar y a ejercitar la paciencia, un fruto del Espíritu. Recordaré que el fin del asunto es mejor que su principio, y la paciencia es mejor que el orgullo. Resisto la tentación de apresurarme en mi espíritu a enojarme, porque el enojo reposa en el seno de los necios.

Deseo vivir sabiamente, con el debido sentido de responsabilidad, como alguien que conoce el significado y el propósito de la vida. Me propongo hacer el mejor uso del tiempo posible, sin considerar todas las dificultades de estos días.

Por tanto, de buena gana me gloriaré cuando me encuentre en diversas pruebas, sabiendo que la prueba de mi fe produce paciencia. Me doy cuenta que estas vienen para probar mi fe y para producir en mí la perseverancia. Me propongo dejar que el proceso siga adelante hasta que la perseverancia se haya desarrollado por completo, y descubriré que me he transformado en una persona de carácter maduro con la clase de independencia correcta.

Padre, tu gracia (tu favor, cuidado amoroso y misericordia) es suficiente para mí [suficiente contra cualquier peligro y para enfrentar cualquier dificultad con vigor]; porque tu fuerza y poder se perfecciona (pleno y completo) y se muestra más efectivo en (mis) debilidades.

Y si en el proceso no sé cómo enfrentar un problema en particular, te pido a ti, Padre, la sabiduría necesaria —que das generosamente a todos los hombres sin hacerlos sentir culpables— y estoy seguro que me será dada.

Al vivir esta nueva vida, te pido que con tu glorioso poder me fortalezcas en todo sentido y encontraré que puedo atravesar por cualquier situación y perseverar con alegría.

En el nombre de Jesús, amén.

Referencias bíblicas

Eclesiastés 7:8,9	2 Corintios 12:9
Efesios 5:15	Santiago 1:3-5
Santiago 1:2,3	Colosenses 1:11

Sobreponerse a la intimidación

Padre, en el nombre de Jesús vengo a ti para confesarte que la intimidación me hizo tropezar. Te pido perdón por pensar en mí mismo como un ser inferior, porque soy creado a tu imagen, y soy hechura tuya. Jesús dijo que tu Reino está en mí. Por lo tanto, el poder que resucitó a Jesús de entre los muertos mora en mí y hace que enfrente la vida con esperanza y energía divina.

Tú, Señor, eres mi luz y mi salvación, ¿de quién temeré? Tú eres la fortaleza de mi vida, ¿de quién he de atemorizarme?

Padre, has dicho que nunca me dejarás ni me desampararás. Por lo tanto, puedo decir sin ninguna duda y sin temor, que tú eres mi Ayudador, no temeré lo que me pueda hacer el hombre. Tú, que estás en mí, eres mayor que el que está en el mundo. Si tú estás por mí ¿quién puede estar en mi contra? Estoy libre del temor del hombre y de la presión de la opinión pública.

Padre, no me diste espíritu de timidez (de cobardía, de servilismo), sino [que me diste espíritu] de poder y de amor, de calma, y una mente bien equilibrada, disciplina y dominio propio. Puedo hacer todas las cosas en Cristo, que me fortalece.

En el nombre de Jesús, amén.

Referencias bíblicas

1 Juan 1:9
Hebreos 13:5,6
Génesis 1:27
1 Juan 4:4
Efesios 2:10
Romanos 8:31
Lucas 17:21
2 Timoteo 1:7
Efesios 1:19,20
Filipenses 4:13
Colosenses 1:29
Proverbios 29:25
Salmo 27:1

Desarrollar la perseverancia

Padre, el camino que has trazado delante de mí es claro. Me llamaste a comenzar este negocio, y miro hacia ti como mi socio en él. Me propongo ser fuerte, valiente y firme.

Señor, gracias por ir delante de mí y trabajar para mí, no me dejarás ni me desampararás. En el nombre de Jesús, resisto la cobardía y el miedo, me niego a quebrantarme [en espíritu] (deprimirme, desalentarme, acobardarme, alarmarme).

A través del poder del Espíritu Santo, me despojo de todo peso y del pecado que me asedia, porque mi deseo es correr con perseverancia la carrera que tengo por delante. Pongo los ojos en Jesús, el iniciador y perfeccionador de mi fe, quien por el gozo que lo esperaba, soportó la cruz, menospreciando la vergüenza y está sentado a la derecha de tu trono. Considero a Aquel que perseveró frente a tanta oposición de parte de los pecadores, para no cansarme y perder el ánimo en tiempos de tensión (problemas en el trabajo, disminución en el flujo de dinero, aumento de los gastos, etc.).

Por la gracia que hay en mí, me paro, confío y descanso en ti, mi Señor; mi esperanza y mi confianza están en ti. En la autoridad de tu Palabra declaro y decreto que soy como árbol plantado junto a las aguas, en cuyas corrientes echaré raíces, y no veré cuándo viene el calor, sino que mi hoja estará verde; y en el año de la sequía no estaré ansioso ni me fatigaré, ni dejaré de dar fruto.

Te pido que tu Espíritu Santo me recuerde este compromiso cuando me encuentre agotado y sobrecargado con las responsabilidades de esta compañía.

En cada una de mis oraciones hago peticiones y ruegos con gozo (deleite) por mis asociados y empleados. Estoy convencido y seguro de esto: que Aquel que comenzó la buena obra en esta compañía la continuará hasta el día de Jesucristo, desarrollándola y perfeccionándola hasta terminar la obra completa.

Gracias por crear en mí un espíritu tenaz y gozoso. Me regocijo y permanezco tenaz y paciente en los problemas, porque tú, Padre, eres mi gozo abundante.

En el nombre de Jesús, amén.

Referencias bíblicas

Deuteronomio 31:6-8
Salmo 51:10
Hebreos 12:1-3
Romanos 12:12
Jeremías 17:7,8
Salmo 43:4
Filipenses 1:4,6

Controlar la conversación con sabiduría

LECTURA DEVOCIONAL

El sabio llevará una vida piadosa de la que han de brotar siempre buenas obras ¡Y mientras menos se jacte de esas buenas obras, más sabio será! No se te ocurra nunca pensar que eres sabio ni bueno si en el fondo eres envidioso y egoísta, porque no hay peor mentira que ésa. La envidia y el egoísmo no se originan en Dios; al contrario, son terrenales, carnales y diabólicos.

Donde hay envidia y egoísmo hay desorden y todo tipo de maldad. El que tiene sabiduría de Dios es en primer lugar puro. Además es pacífico, amable, benigno, misericordioso, bondadoso para con los demás, entusiasta, franco y sincero.

Y los pacificadores siembran paz para cosechar bondad.

Santiago 3:13-18 LBD

MEDITACIÓN

Uno de los mayores obstáculos para desarrollar relaciones saludables en el trabajo es la falta de una comunicación sincera y honesta. Los motivos impuros harán que usemos palabras de adulación para controlar a otros, o palabras mentirosas para ocultar motivos egoístas o como pretexto para obtener una ganancia personal.

Muchas veces exigimos que nos entiendan en lugar de tratar de entender. Son muchas las veces que la envidia, el egoísmo, los celos y la ambición personal controlan nuestra conversación. A esta autoindulgencia terrenalmente orientada, el escritor del libro de Santiago la llama sabiduría no espiritual, y dice que el diablo es quien la inspira.

Venzamos nuestros miedos esclavizantes, pasiones agitadas y conflictos morales y decidamos convertirnos en pacificadores. Sembremos semillas de paz al hablar palabras de paz desde un corazón puro. Entonces recogeremos una cosecha de bondad tanto en nuestros tratos comerciales como en nuestras vidas privadas.

ORACIÓN

Padre, deseo que la sabiduría que viene del cielo, que es primeramente pura, controle mi conversación y mi conducta. Creo en la bondad y valoro tu aprobación; así que, concentro mi mente en todo lo que es verdadero y honesto, justo y puro, amable y admirable. Modelo mi conducta de acuerdo con lo que aprendí de las Escrituras, y el Dios de paz está conmigo.

Purifico mi alma en la obediencia a la verdad a través del Espíritu en amor sincero a mis compañeros de trabajo, a quienes amo profundamente con corazón puro.

Es mi oración que yo pueda rebosar más y más de amor por los demás, al mismo tiempo que crezco espiritualmente en conocimiento y perspicacia, porque siempre quiero distinguir la diferencia entre bueno y malo y ser puro interiormente. Que siempre pueda hacer el bien, las buenas obras que demuestran que soy un hijo de Dios, porque esto traerá mucha honra y gloria a tu nombre.

Padre, me someto a tu Palabra, la cual es viva y activa. Más filosa que espada de dos filos; y penetra hasta partir el alma y el espíritu, las coyunturas y los tuétanos, y discierne los pensamientos y las intenciones del corazón.

Tú deseas verdad en el interior y me enseñarás sabiduría en lo profundo. Límpiame con hisopo y seré limpio; lávame y seré más blanco que la nieve.

En el nombre de Jesús, amén.

Referencias bíblicas

Filipenses 4:8,9
Hebreos 4:12
1 Pedro 1:22
Salmo 51:6,7
Filipenses 1:9-11

Mostrar gentileza

Padre, deseo ser un líder que tu sabiduría controle, la cual está llena de tranquila gentileza. Revélame por tu Santo Espíritu cómo ser equitativo, justo, moderado y mesurado al tratar con mis asociados. Deseo ver las situaciones de manera humana y razonable en lugar de insistir con la letra de la ley.

En el nombre de Jesús no combatiré, sino seré gentil y considerado, no pendenciero sino mesurado y pacificador, y no un amante del dinero. Busco ser sumiso, obediente, preparado y deseoso de hacer cualquier trabajo honrado y honorable.

No voy a calumniar, abusar o hablar mal de nadie (mis asociados, clientes, amigos, miembros de la familia o competidores). Evito las contiendas. En el nombre de Jesús, soy mesurado (gentil y conciliador), y afirmo que seré cordial con todas las personas.

Padre, deseo que en esta organización mi administración no sea una carga o molestia para otros. Me propongo ser gentil con mis empleados y personal. Ayúdame, cada vez que sea necesario, a ser como un padre cuidando de sus pequeños hijos.

Reconozco que la gentileza es el amor en acción, siendo considerado, satisfaciendo las necesidades de otros, dándoles tiempo a las personas para que hablen y estar dispuesto a aprender. Ayúdame a mantener una actitud gentil en mi relación con los demás.

En el nombre de Jesús, amén.

Referencias bíblicas

Santiago 3:17
Tito 3:1-3
1 Timoteo 3:3
1 Tesalonicenses 2:7

Tener misericordia

Padre, en el nombre de Jesús, soy tu hijo y un imitador tuyo. Eres tan rico en misericordia que me devolviste mi vida a pesar de que estaba espiritualmente muerto y condenado por mis pecados. Fue a través de tu gracia inmerecida que fui redimido y liberado. Por invitación tuya, pido misericordia para mis asociados, competidores, familia, amigos y para mí.

Como hijo escogido, santo y amado, me visto con compasión, gentileza, humildad y paciencia. Soporto a los demás y olvido cualquier resentimiento que pueda tener contra ellos. Perdono, Señor, como tú me perdonaste a mí. Y sobre todas estas virtudes pongo al amor, que las envuelve a todas en perfecta unidad.

Ayúdame a ser tolerante con las faltas de los demás, reconociendo que a través de la gentileza y la humildad puedo ayudarlos a volver al camino correcto, mientras tengo presente que la próxima vez quizás sea yo quien esté en el error.

Ayúdanos a mis compañeros y a mí a compartir los problemas y las dificultades de cada uno en forma apropiada. Ayúdanos a estar seguros de estar haciendo lo mejor posible, porque entonces sentiremos la satisfacción del trabajo bien hecho y no necesitaremos compararnos con los demás. Cada uno de nosotros debe soportar algunas faltas y cargas personales, porque nadie es perfecto.

Padre, renuncio a mi autojusticia y a mi orgullo, que podría resultar en despreciar a otros y me dejaría fuera de tu misericordia. Jesús dijo que si soy misericordioso con los demás, recibiré misericordia. Por lo tanto, elijo mostrar misericordia.

En el nombre de Jesús, amén.

Referencias bíblicas

Efesios 5:1	Gálatas 6:1-5
Colosenses 3:12-14	Hebreos 4:16
Efesios 2:4	Mateo 5:7

Sobreponerse a un fracaso en los negocios

LECTURA DEVOCIONAL

Que el Señor [me] responda cuando
[esté] angustiado;

Que el nombre del Dios de Jacob
[me] proteja.

Que [me] envíe ayuda desde el santuario;
que desde Sión [me] dé su apoyo.

Que se acuerde de todas [mis] ofrendas;
que acepte [mis] holocaustos.

Que [me] conceda lo que [mi] corazón desea;
que haga que se cumplan todos [mis]
planes.

Nosotros celebraremos [yo celebraré] tu victoria, y en el nombre de [mi] Dios
desplegaremos las banderas.

¡Que el SEÑOR cumpla todas [mis] peticiones!

Ahora sé que el Señor salvará a su ungido,
que le responderá desde su santo cielo
y con su poder le dará grandes victorias.

Éstos confían en sus carros de guerra,
aquéllos confían en sus corceles,
pero [yo] nosotros confiamos en el
nombre del Señor nuestro [mi] Dios.

Ellos son vencidos y caen,
pero nosotros [yo] nos erguimos y de
pie permanecemos.

¡Concede, Señor, la victoria al rey!
¡Respóndenos cuando te llamemos!

Salmo 20:1-9 NVI

MEDITACIÓN

El escritor del Salmo 20 vivió bajo el viejo pacto. Hoy vivimos en la era de un nuevo pacto y no ofrecemos sacrificios de animales. En su lugar, Jesús, el Cordero de Dios, se dio a sí mismo para que lo sacrificaran en la cruz del Calvario como el sacrificio perfecto por nuestros pecados y los pecados de todo el mundo. Al hacer esto él brindó todo lo que necesitamos en esta vida y la próxima:

Porque el sumo sacerdote introduce la sangre de los animales en el Lugar Santísimo como sacrificio por el pecado, pero los cuerpos de esos animales se queman fuera del campamento. Por eso también Jesús, para santificar al pueblo mediante su propia sangre, sufrió fuera de la puerta de la ciudad. Por lo tanto, salgamos a su encuentro fuera del campamento, llevando la deshonra que él llevó, pues aquí no tenemos una ciudad permanente, sino que buscamos la ciudad venidera.

Así que ofrezcamos continuamente a Dios, por medio de Jesucristo, un sacrificio de alabanza, es decir, el fruto de los labios que confiesan su nombre. No se olviden de hacer el bien y de compartir con otros lo que tienen, porque esos son los sacrificios que agradan a Dios.

Hebreos 13:11-16 NVI

ORACIÓN

Padre, tú ves mi desilusión y mi angustia en cuanto a este retroceso en el negocio. Invertí muchas horas en la preparación y estudio de este trato. Los planes se hicieron con cuidado. Creí y esperé que prosperaran, pero ahora parece que todo mi trabajo fue en vano.

Te busco a ti, oh Señor. Ayúdame a aprender de ti, hasta en medio de esta adversidad, y a permanecer fuerte en ti y en tu gran poder.

Padre, creo que me trajiste a esta posición que ocupo hoy, y no voy a temer, porque tú cambias para bien lo que tenía la intención de destruirme.

Tú eres Dios, y no hay otro; no hay nadie como tú. Conoces el fin desde el principio; desde los tiempos antiguos, lo que está por venir. Tus propósitos en esta situación permanecerán, y harás todo lo que te plazca.

Rehúso sorprenderme y extrañarme del fuego de la prueba que estoy soportando para probar mi calidad, como si fuera algo insólito (inusual, ajeno a mi y a mi posición).

Padre, recuerdo que tu bendición es la que enriquece y no añade tristeza con ella. Seguramente hay una esperanza futura para mí, y mi esperanza no será cortada. He sembrado, ese bien puede ir a otros; y creo que a su tiempo segaré, si no desmayo.

Pero no te desanimes, alma mía, no te turbes; ¡espera a que Dios se manifieste! Porque yo sé que volveré a tener razones abundantes para alabarlo por cuanto Él hará. ¡Él es mi auxilio! ¡Es mi Dios! (Salmo 42:11 LBD).

Señor, te ofrezco sacrificio de alabanza, fruto de labios que confiesan tu nombre, y no me olvidaré de hacer el bien y ayudar a otros, porque tales sacrificios son los que te agradan.

En el nombre de Jesús, amén.

Referencias bíblicas

Efesios 6:10
Proverbios 10:22
Génesis 50:20
Proverbios 23:18
Isaías 46:8-10
Gálatas 6:9
1 Pedro 4:12
Hebreos 13:15,16

Liberarse de hábitos

Padre, en el nombre de Jesús y de acuerdo con tu Palabra, creo en mi corazón y digo con mi boca que Jesús es el Señor de mi vida. Como toda verdad está en Jesús, me desvisto de mi vieja naturaleza [retiro y descarto mi viejo yo]. Deseo ser libre del hábito(s) de_________________, en el nombre de Jesús. Padre, este/estos hábito(s) no son de ayuda (buenos para mí, provechosos cuando se consideran con otras cosas). No quiero seguir siendo esclavo de cosas o conductas malas o de estar bajo su poder.

Padre, estos hábitos autodestructivos son síntoma de fallas en mi alma, en mi carácter, y los confieso como pecado. No quiero repetir el mismo error vez tras vez. Padre, tu palabra expone los patrones de pensamiento erróneos que me llevan de continuo a obrar de forma contraria a tu Palabra. Deseo tener siempre la plenitud y el control del Espíritu Santo.

Gracias, Padre, por trasladarme al Reino de tu amado Hijo. Ahora yo soy tu jardín que se está cultivando. En el nombre de Jesús, arrojo toda virtud arruinada y cancerosa maldad a la basura. En simple humildad, me propongo dejar que tú, mi jardinero, me diseñes con tu Palabra, haciendo de mí un jardín de salvación.

Me visto con la armadura de Dios, esa armadura de un soldado, fuertemente armada, que me brindas, el casco de la salvación, el cinturón de la verdad, calzado con la disposición de proclamar el evangelio de paz, el escudo de la fe, la espada del Espíritu, que es la Palabra de Dios. Con su armadura y en el nombre de Jesús, soy capaz de resistir todas las estrategias, engaños y dardos de Satanás.

Vestido con tu armadura, disciplino mi cuerpo y lo someto. Con cada tentación escojo el camino de escape que tú provees. Mayor es el que está en mí que el que está en el mundo.

Gracias, Señor. Te alabo porque estoy creciendo espiritualmente, e incorporar tu Palabra está salvando mi alma. Me desvisto de mi vieja naturaleza y de mis viejos hábitos, y me visto de un nuevo hombre creado en Cristo Jesús. ¡Aleluya! Amén.

Referencias bíblicas

Romanos 10:9,10
Efesios 4:21,22
1 Corintios 6:12
1 Corintios 3:9
Santiago 1:21
1 Corintios 10:13
1 Juan 4:4

Una compañía, una oficina o un departamento

Padre, en el nombre de Jesús, deseo que el trabajo de nuestras manos, nuestra labor en el______ ___________departamento/oficina aquí en______ ________sea productivo para tu gloria y para el bien y el progreso de todos. Tú nos has dado todo lo que necesitamos para vivir una vida plena y fructífera.

Somos individuos [que mutuamente dependemos los unos de los otros], con diferentes dones de acuerdo a la gracia que nos ha sido dada. Nosotros, que con el rostro descubierto reflejamos tu gloria, somos transformados a tu semejanza con más y más gloria por la acción del Señor, que es el Espíritu.

Padre, reconozco que tú sabes lo que necesitamos antes que lo pidamos, y que no crecemos todos de la misma manera ni en el mismo tiempo, sino que crecemos en la gracia y el conocimiento de nuestro Señor y Salvador, Jesucristo.

Unos a otros nos damos espacio para crecer, porque nos estamos convirtiendo en personas pacientes, soportándonos unos a otros. Sabemos que no tenemos dominio [sobre] los otros, y rehusamos enseñorearnos sobre la fe de otros, sino que somos compañeros trabajadores para promover el gozo mutuo, porque es por la fe que nos mantenemos firmes.

En el nombre de Jesús, amén.

Referencias bíblicas

2 Pedro 1:3,4
2 Pedro 3:18
Romanos 12:5,6
2 Corintios 1:24
2 Corintios 3:18
Efesios 4:2
Mateo 6:32

Una persona que necesita salvación

¡Padre, en el nombre de Jesús, me regocijo en el Señor y le sirvo con gusto! Vengo ante ti con canciones, porque tú eres Dios.

Está escrito en tu Palabra que Jesús vino a buscar y a salvar lo que se había perdido. Tú deseas que todas las personas sean salvas y lleguen a conocer tu divina verdad. Por eso, Padre, en este día presento delante de ti a_________________.

Gracias por llamarme a ser tu agente intercesor, por __________. Por la gracia de Dios construiré el vallado y me pararé en la brecha por __________, él/ella, para que sea salvo/a de la destrucción eterna.

Padre, gracias por tu salvación. Reconozco que Jesús es el Cordero de Dios, que quita los pecados de_____________________, y que el Espíritu Santo es quien lo/a convence de pecado, de justicia y juicio. Tu bondad guía a _________ ________ al arrepentimiento (a cambiar su mente y su ser interior para aceptar tu voluntad). Tú eres Aquel que libera a ______________ y lo atraes hacia ti, fuera del control y del dominio de la oscuridad y lo transfieres al Reino de tu amado Hijo.

Padre, oro para que ______________________ escuche la verdad de alguien delante de tu presencia. Las Buenas Nuevas estaban escondidas de ___ ___________. Satanás, el dios de este mundo, cegó sus ojos para que no pueda ver la gloriosa luz de tu evangelio. Te pido, Señor de la cosecha, que realices tu perfecto trabajo en el camino de _____ ________ para compartir tu evangelio de una forma especial, de manera que pueda escucharlo y entenderlo. Mientras tus siervos lo ministran, creo que entrará en razones, fuera de las trampas del diablo que lo mantienen cautivo, y que hará de Jesús el Señor de su vida.

Después de orar todo lo que sé orar, lo dejo en manos del Espíritu Santo, que también me ayuda en las limitaciones presentes. No siempre sé orar como debo, pero tu Espíritu Santo me ayuda en esos momentos en los que no puedo encontrar las palabras. Luego de hacerlo todo, permanezco en tu Palabra y, Padre, te alabo y te agradezco por la salvación de ____________________. Dejo este asunto en tus manos, y en fe veo a ____________ ______salvo/a y lleno/a de tu Espíritu Santo, con pleno y claro conocimiento de tu Palabra.

Amén. Así sea.*

Referencias bíblicas

Salmo 100:1-3
Colosenses 1:13
Lucas 19:10
2 Corintios 4:2-4
2 Pedro 3:9
Mateo 9:38
Ezequiel 22:30
2 Timoteo 2:26
Juan 1:29
Romanos 8:26
Juan 16:8-12
Efesios 6:13
Romanos 2:4

**Después de hacer esta oración, agradezca al Señor la salvación de esta persona. ¡Alégrese y alabe a Dios por la victoria! Confiese esta oración como hecha. Agradezca a Dios por enviar a su obrero. Agradézcale que Satanás es vencido. ¡Aleluya!*

NOTA AL LECTOR

Cuando ore por la salvación de algún individuo, es necesario dejar que la paciencia haga su trabajo perfecto. Resista el desaliento, la duda y la incredulidad al aplicar la victoria de Cristo ganada en el Calvario. El Señor es su confianza, y su oración se debe fundar en la fidelidad de Dios. Pida perdón cuando tenga dudas o desconfianza, y continúe peleando «la buena batalla de la fe».

En su intercesión, se enfrentará a la fortaleza de la independencia, que separa a la humanidad de Dios. La independencia inapropiada refuerza la presunción: «Nadie va a decirme lo que debo hacer».

Los que están perdidos no pueden discernir la verdad. Si los ojos de su corazón se van a inundar con la luz para saber y entender la verdad, el velo del orgullo se debe quitar.

Satanás no puede controlar la mente de los no creyentes, pero puede influir su pensamiento. Tus oraciones inician una liberación mental cuando comprometes las poderosas armas de Dios para derribar las fortalezas del diablo, altivos argumentos en contra de Dios. Usted puede derribar los muros que impiden al hombre encontrar a Dios (lea 2 Corintios 4 y Efesios 1:18).

Mantenga su armadura de oración y empuñe la espada del Espíritu, que es la Palabra de Dios (Efesios 6:10-18).

Proclame en voz alta: Con las poderosas armas de Dios puedo capturar a ____________ y traerlo de vuelta a Dios e influirlo para que sea una persona que de corazón desee obedecer a Cristo (2 Corintios 10:3-6, LBA). No me rendiré, sino que seguiré orando hasta que __________ reciba la revelación, que se le quite el velo.

Alabe: Me regocijo porque los poderes del infierno no prevalecerán contra la salvación de ____ ________. Gracias, Padre, que la luz iluminadora del conocimiento de la gloria de Dios es revelada a ________________ . Por tu bondad, lo atraes al arrepentimiento y recibe un nuevo conocimiento que reemplazará su pensamiento arrogante. Amén.

Satanás, no tienes opción. La sangre de Jesús protege a ________________ y ya no está bajo tu autoridad. ¡Ahora _________________ pertenece a Jesús!

Una persona que necesita protección

Padre, en el nombre de Jesús, traigo delante de ti a ____________ y oro por un círculo de protección alrededor de él/ella. Gracias, Padre, porque eres una pared de fuego alrededor de él/ella y enviaste a tus ángeles a acampar a su alrededor.

Gracias, Padre, porque ____________ habita al abrigo del Altísimo y mora bajo la sombra del Omnipotente. Tú eres, Señor, su refugio y su fortaleza: Dios, en quien puede confiar. Tú cubres a ____________ con tus plumas y bajo tus alas está seguro/a. Tu verdad será su escudo y su baluarte.

________________no tendrá temor del terror nocturno, ni de saeta que vuele de día. Con sus ojos mirará y verá la recompensa de los impíos.

Porque __________________ hizo de ti su refugio y su habitación no le sobrevendrá mal, ningún accidente lo/la tomará por sorpresa, ni ninguna plaga o calamidad vendrá cerca de él/ella. A sus ángeles mandará para que lo/la cuiden en todos sus caminos.

Padre, porque ________________ puso su amor en ti, tú lo/la librarás. Te invocará y tú le responderás.

Tú estarás con ______________ en la angustia; lo/la librarás y saciarás de larga vida y le mostrarás tu salvación.

En el nombre de Jesús, amén.

Referencias bíblicas

Job 1:10
Zacarías 2:5
Salmo 34:7
Salmo 91:1,2
Salmo 91:4,5
Salmo 91:8-11
Salmo 91:14-16

Una persona que necesita trabajo

Padre, en el nombre de Jesús, creo y confieso hoy tu Palabra sobre____________, sabiendo que estás alerta para que se cumpla tu Palabra. Tu Palabra prospera en ______________ a quien le fue enviada.

Padre, tú eres la fuente de toda consolación (consuelo y aliento) para ____________. Él es valiente y crece en fortaleza.

El deseo de __________________ es no deberle nada a nadie, sino salvo el amarlo. Por lo tanto, es fuerte y no deja que sus manos estén ociosas, porque su trabajo será recompensado. Su salario no es contado como regalo o favor, sino como una deuda (algo que se le debe).

La ambición de ________________ y lo que realmente le preocupa es vivir tranquila y pacíficamente, ocuparse de sus propias responsabilidades y trabajar con sus manos. Es honorable y se gana el respeto de los no creyentes, para no depender de nadie (se autosostiene), y no tiene necesidad de nada, porque tú, Padre, suples (satisfaces) todas sus necesidades.

__________________ trabaja tranquilamente para ganarse su comida y otras necesidades. No se cansa de hacer el bien [sino que continúa actuando bien sin debilitarse]. Aprende a empeñarse en hacer buenas obras (el trabajo honesto y el empleo honorable) para atender a sus necesidades en cualquier momento que lo requieran las circunstancias.

Padre, tú conoces el trabajo (los antecedentes) de __________________ y lo que hace. Has abierto delante de él una puerta, la cual nadie puede cerrar.

__________________ no teme ni se angustia, porque tu, Padre, lo fortaleces. Lo ayudas en el nombre de Jesús. En Jesús, __________tiene (perfecta) paz y confianza, y buen ánimo, porque Él venció al mundo y le quitó su poder para causarle daño.

______________ no se inquieta ni tiene ansiedad por nada, porque tu paz, Padre, cuida su corazón y sus pensamientos.

______________ conoce el secreto para enfrentar cada situación, [porque es autosuficiente en la suficiencia de Cristo]. Refrena su boca y su lengua, librándose de muchos problemas.

____________________valora tu sabiduría, Padre, y te reconoce. Tú diriges y allanas su camino y lo exaltas.

Por tanto, Padre, ______________ crece en tu sabiduría (en un amplio y completo entendimiento), en estatura, en edad y en el favor de Dios y de toda la gente.

En el nombre de Jesús, amén.

Referencias bíblicas

Jeremías 1:12
Isaías 55:11
2 Corintios 1:3
1 Corintios 16:13
Romanos 13:8
2 Crónicas 15:7
Romanos 4:4
1 Tesalonicenses 4:11,12
Filipenses 4:19
2 Tesalonicenses 3:12,13
Tito 3:14
Apocalipsis 3:8
Isaías 41:10
Juan 16:33
Filipenses 4:6,7
Filipenses 4:12,13
Proverbios 21:23
Proverbios 3:6
Proverbios 4:8
Lucas 2:52

Una persona que experimenta dolor o pérdida

Padre, en el nombre de Jesús, vengo delante del trono de tu gracia, trayendo a____________ delante de ti. Reconozco que el sufrimiento es un proceso de las emociones humanas y doy a______ ______ el espacio que necesita para entrar en el descanso que tú tienes para él.

Señor, Jesús sufrió las angustias de ________ (enfermedad, debilidad y desesperanza) y llevó sus tristezas y dolores; sé que el Espíritu de Dios está sobre Jesús para vendar y sanar a los quebrantados de corazón. Permite que ____________ sea gentil consigo mismo, sabiendo que no está solo en su dolor. Tú estás con él/ella y nunca lo dejarás sin tu apoyo.

Padre, quiero ser un hacedor de tu Palabra y no solamente un oidor. Por lo tanto, hago el compromiso de regocijarme con aquellos que se gozan [disfrutando la alegría de otros], y llorar con los que lloran [doliéndome con los que sufren]. Oro para que mi amor pueda darle a ____________ alegría, consuelo y aliento, porque confortó el corazón de tus santos.

Gracias Padre, por enviar a tu Santo Espíritu a consolar, aconsejar, ayudar, interceder por, defender, fortalecer y apoyar a _____________ en este tiempo de tristeza y dolor.

En el nombre de Jesús, amén.

Referencias bíblicas

Isaías 53:4
Isaías 61:1
Hebreos 13:5
2 Corintios 12:9
Gálatas 6:2
Efesios 4:2
Santiago 1:22
Romanos 12:15
Gálatas 6:2
Filemón 7
Juan 14:6

El hogar y la familia

Padre, te doy gracias porque nos has bendecido a mi familia y a mí con toda bendición espiritual en Cristo Jesús.

Con habilidad y sabiduría divina se edifica mi casa (mi vida, mi hogar, mi familia), y se establece con inteligencia (sobre un fundamento sólido y bueno). Con buen juicio se llenan sus cuartos (de cada área) de todo bien preciado y agradable (tesoros invaluables). La casa del justo (que no hace concesiones) permanecerá. En el nombre de Jesús, en mi casa hay prosperidad y bienestar.

Mi casa está edificada con seguridad. Está fundada en la roca, con el conocimiento revelado por tu Palabra, Señor, tiene a Jesús como la piedra angular. Jesús es Señor de mi casa. Jesús es nuestro Señor, espíritu, alma y cuerpo.

Cualquier tarea que hagamos, la hacemos de corazón (con el alma), como (algo hecho) para ti, Señor y no para el hombre. Nos amamos los unos a los otros con el amor que viene de Dios, y vivimos en paz. Nuestra casa está consagrada a ti [depositada en ti, confiada a tu protección y cuidado].

Padre, no sé lo que otros harán, pero mi familia y yo serviremos al Señor. ¡Aleluya!

En el nombre de Jesús, amén.

Referencia bíblicas

Efesios 1:3
Proverbios 24:3,4
Proverbios 15:6
Proverbios 12:7
Salmo 112:3
Lucas 6:48
Hechos 4:11
Hechos 16:31
Filipenses 2:10,11
Colosenses 3:23
Colosenses 3;14,15
Hechos 20:32
Josué 24:15

Los hijos en la escuela

Padre, confieso tu Palabra este día concerniente a mis hijos al continuar su educación y preparación en la escuela. Tú estás trabajando en ellos [dando energía y creando en ellos tanto el querer como el hacer] para hacer tu buena voluntad. Ellos son cabeza y no cola, están por arriba y no por debajo.

Te pido que mis hijos encuentren gracia, buen entendimiento y alta estima a los ojos [o juicio] tuyo y de los hombres, sus maestros y compañeros.

Te pido que des a mis hijos sabiduría y comprensión a medida que les presentan el conocimiento en todos los campos de estudio y empeños.

Padre, gracias por darles las aptitudes para cada tipo de aprendizaje, que estén bien informados, rápidos para entender y calificados para servirte. Te pido que nos ayudes (a los padres y a nuestros hijos) a recordar que el temor reverente al Señor es el principio de toda sabiduría.

Te doy gracias, Padre, porque mis hijos tienen el apetito del diligente; tienen abundantes recursos educativos y sus pensamientos son estables y diligentes, enfocados en el logro. Gracias porque están creciendo en sabiduría e inteligencia.

No cesaré de orar por ellos, pidiéndote que se llenen del conocimiento de tu voluntad, llevando frutos de toda buena obra.

Padre, te doy gracias porque mis hijos tienen protección divina ya que habitan al abrigo del Altísimo. Ellos buscan y hallan refugio en ti y están arraigados y cimentados en tu amor. Y no se llevarán por filosofías de hombres ni enseñanzas contrarias a tu verdad. Tú eres su escudo y protección defendiéndolos de todos los ataques y peligros. Gracias por los ángeles que asignaste para acompañarlos, protegerlos y cuidarlos en todos sus caminos [de obediencia y servicio]. Mis hijos están afincados en tu amor, que hecha fuera el miedo y elimina cualquier temor.

Oro para que los maestros de mis hijos sean hombres y mujeres santos y de integridad. Dales corazones entendidos y sabiduría para que caminen en caminos de virtud, reverenciando tu santo nombre.

Te pido estas cosas en el nombre de Jesús, amén.

Referencias bíblicas

Filipenses 2:13
Deuteronomio 28:1,2,13
Proverbios 3:4
1 Reyes 4:29
Daniel 1:4
Proverbios 1:7
Colosenses 1:9,10
Salmo 91:1,2
Efesios 3:17
Efesios 4:14
Salmo 91:3-11
1 Juan 4:18
Proverbios 21:5

Oración personal de un empresario

Padre, en el nombre de Jesús, decido ser tan consciente y responsable hacia aquellos que trabajan para mí como espero que ellos lo sean hacia mí. No haré mal uso del poder sobre otros que me pusieron en mis manos, y no olvidaré que soy responsable frente a Alguien celestialmente superior que no hace distinción entre empleador y empleado.

Como empresario reconozco que mi responsabilidad es ser justo con quienes empleo. Me propongo siempre mantener el hábito de orar por ellos: estar alerta y agradecido mientras oro para que hallen gracia delante de ti y de los hombres. Ayúdame siempre a honrar a los que merecen honra.

Dame tu discernimiento para aquellos con quienes trabajo, que pueda ver su potencial oculto y sacarlo a la luz, ayudándolos a ser aquello para lo cual los creaste.

Valoro a mis empleados como personas que llamate para las tareas que se le asignaron. Te agradezco las habilidades y talentos que poseen, y te pido que me hagas sensible a sus necesidades espirituales y emocionales. Aunque pudiera ser osado y ordenarles a mis asociados que hagan lo que se espera que deben hacer, ayúdame a siempre apelar a ellos en la base de tu amor.

Gracias por tu poder y habilidad, la cual me permite hacer con ellos como espero que ellos hagan conmigo. Ayúdame a seguir a Jesús como ejemplo de todo lo que hago y digo.

En su nombre, amén.

Referencias bíblicas

Efesios 6:9
Colosenses 4:1,2
Lucas 2:52
Romanos 13:7
Filemón 8,9
Mateo 7:12
1 Pedro 2:21

Establecer comunicación con los compañeros de trabajo

Padre, como todos los que han recibido a Jesús, nos diste el poder de ser hijos e hijas tuyos. Estoy aprendiendo a ser sincero en mi comunicación con mis hermanos y hermanas en Cristo, mis consiervos en el Señor. Tengo la capacidad de ser sincero y expresar con honestidad mis sentimientos y deseos, porque Jesús me ha sido hecho sabiduría. La sabiduría que viene de lo alto es honesta, imparcial (objetiva, sin parcialidad) y sincera (libre de dudas, fluctuación y falta de sinceridad).

Soy tu creación, Padre, y tú me creaste para ser activo impartiendo mi fe, para comprender plenamente todas las cosas buenas que tenemos en Cristo Jesús. Es mi oración que mi conversación siempre esté llena de gracia, sazonada con sal, para saber cómo responder a cada uno. Estoy contento con mi realidad (satisfecho al punto de no estar inquieto o perturbado) en cualquier estado que me encuentre, de forma que los que me rodean se sientan seguros con mi presencia. Hablaré con verdad, haré tratos con verdad y viviré con verdad, expresando la verdad en amor.

Como tus hijos y colaboradores, caminamos hacia la madurez siempre en constante desarrollo que nos permite estar en perfecta armonía y en total acuerdo con lo que decimos, perfectamente unidos en nuestro común entendimiento y en nuestras opiniones y juicios. Y si en algún punto pensamos diferente, tú lo harás claro para nosotros. Vivimos a la altura de lo que alcanzamos como individuos y como grupo. Dejaremos que nuestro sí sea simplemente sí, y nuestro no, simplemente no.

Oro en el nombre de Jesús, amén.

Referencias bíblicas

Juan 1:12
1 Corintios 1:30
Santiago 3:17
Filemón 6
Colosenses 4:6
Filipenses 4:11
Efesios 4:15
1 Corintios 1:10
Filipenses 3:15-17
Mateo 5:37

Perdonar a otros

Vestido con tu armadura, Padre, perdono a cualquiera que me haya causado angustia, dolor, vergüenza y/o pérdida financiera. Decido perdonar a la luz de Cristo, de forma que el diablo no pueda engañarme. Porque estoy consciente de sus maquinaciones.

Padre, en el nombre de Jesús, me someto a ti y resisto al diablo [me mantengo firme en contra de él], y huirá de mí. Dejo ir toda mi amargura, indignación e ira (pasión, furia, mal carácter) y resentimiento (animosidad, enojo), pelea (bronca, gritería) y calumnias (hablar mal, lenguaje blasfemo o abusivo). Estoy listo para ser útil y gentil con los demás, tierno (compasivo, cariñoso, comprensivo), perdonando a otros [de buena gana y libremente], como tú me perdonaste en Cristo.

Acepto la vida y hago el compromiso de ser paciente y tolerante con los otros, siempre listo a perdonar si tengo diferencias con alguno. Perdono tan libremente como tú me perdonaste. Y, por encima de todo, amo de verdad, porque el amor une y completa todas las virtudes a la perfección.

En el nombre de Jesús, amén.

Referencias bíblicas

Efesios 6:11
2 Corintios 2:5-11
Santiago 4:7
Efesios 4:31,32
Colosenses 3:12-14

Mejorar la armonía y la cooperación

LECTURA DEVOCIONAL

Llénenme de alegría teniendo un mismo parecer, un mismo amor, unidos en alma y pensamiento.

Filipenses 2:2, NVI

ORACIÓN

Padre, Jesús pidió que sus seguidores fueran uno. Entro en concordancia con mi Señor, pidiéndote armonía y cooperación entre los líderes y empleados de ________ *(nombre de la compañía)*. Te pido sabiduría para resolver cualquier conflicto que pueda surgir entre los departamentos.

Como______________ *(presidente, supervisor, gerente, etc.)* de______________ instituyo los principios de paz, desarraigando y disolviendo confusiones, rivalidades, argumentos y desacuerdos por el bien de nuestra compañía, ______________ y el bienestar de todos los involucrados.

En el nombre de Jesús, me someto a ti, Padre, y resisto al diablo. Supero el miedo a la confrontación (y sus resultados) e inicio la resolución. Deseo proseguir en paz con mis compañeros, clientes, familiares y amigos.

Dame la valentía de ir a cualquiera que guarde algo contra mí, para que podamos reconciliarnos. Entonces vendré y te ofreceré mi ofrenda.

También, te pido tener la audacia del León de Judá para ir a cualquiera que haya pecado en contra de mí y de________________________ *(nombre de la compañía)*, y confrontar sus faltas sin atacarlo. Pido y creo en la reconciliación. Ayúdame a perdonar, aunque esta persona rehúse reconciliarse, y a continuar con los pasos necesarios para su bienestar y el de la compañía.

Gracias por la armonía y la cooperación necesarias para alcanzar nuestras metas comunes.

La gloria sea para Dios, quien por el formidable poder que actúa en nosotros, puede bendecirnos más abundantemente de lo que pedimos o entendemos y esperamos. ¡A Él sea la gloria para siempre por el magistral plan de salvación para la iglesia mediante Jesucristo!

Oro en el nombre de Jesús, amén.

Referencias bíblicas

Juan 17:21
Santiago 1:5
Santiago 4:7
Hebreos 12:14
Mateo 5:23,24
Mateo 18:15
Efesios 3:20,21

Tomar decisiones basadas en el amor

LECTURA DEVOCIONAL

Que gobierne en sus corazones [decidir y resolver con finalidad todas los asuntos que surjan en la mente, en esa forma pacífica] la paz (armonía del alma que viene) de Cristo (actuar como árbitro constantemente), a la cual fueron llamados [a vivir] en un solo cuerpo [miembros de Cristo]. Y sean agradecidos (apreciativos), [alabando siempre a Dios].

Colosenses 3:15, NVI

MEDITACIÓN

Aunque las decisiones las tome usted o una junta directiva, pida la siguiente reafirmación y confianza. Repita esta misma oración por aquellos a quienes les delegó la autoridad para tomar decisiones, encomendándolos a Dios, quien dirige sus pasos. Algunas veces se cometerán errores, pero el Señor es mayor que nuestros errores.

ORACIÓN

Padre, reconozco que antes de amar a otros como nos enseñaste, debo amarme a mí mismo. Ayúdame a hablar la verdad, ser sincero y vivir la verdad en armonía contigo, conmigo y con los demás. Soy creación tuya, vuelta a crear en Cristo Jesús, que haga las buenas obras que tú, Señor, predestinaste (planeaste de antemano) para mí [tomando caminos que preparaste por anticipado], que pueda caminar en ellos [vivir la buena vida que programaste y preparaste para que yo viva].

De acuerdo con tu Palabra, soy valioso y maravillosamente hecho. Ayúdame a recordar que aunque los otros no siempre sepan lo que es mejor para mí o para la compañía a la que me llamaste, hay seguridad en la multitud de consejeros, y por eso peso y considero sus consejos antes de tomar acción. Acepto mi responsabilidad como líder (dueño, empresario, supervisor, gerente, director) de hacer la decisión final respecto a los asuntos de la compañía, transacciones de negocios y normas corporativas. Confío en ti con todo mi corazón, y no me apoyo en mi propia prudencia; te reconozco en todos mis caminos y tú dirigirás mis pasos.

Te busco para motivar que mis pensamientos sean agradables a tu voluntad, para que pueda tomar decisiones sabias y saludables.

Dame el valor de tomar decisiones que estén de acuerdo con tus propósitos y planes para mi vida y la de mis asociados. Que mi sí sea sí, y mi no sea no.

Fortalecido con todo poder, no hago nada por motivos partidarios (por contiendas, luchas, egoísmo, fines indignos) ni motivado por la vana presunción o arrogancia. No estoy preocupado [solo] por mis propios intereses, sino también por el interés de los demás. Deseo hacer con ellos como quiero que ellos hagan conmigo. Camino con rectitud delante de ti, por lo tanto, dirijo, considero y establezco mi camino [con la confianza de la integridad].

Tú eres mi confianza, y guardas a mi pie para que no tropiece. Tu amor se derramó en mi corazón. Amo a mi prójimo, a mis compañeros de trabajo, como a mí mismo y tomo decisiones pensando en su bienestar.

En el nombre de Jesús. Amén.

Referencias bíblicas

Romanos 13:9
Efesios 4:15
Efesios 2:10
Salmo 139:14
Proverbios 11:14
Proverbios 3:5,6
Proverbios 16:3
Romanos 8:28
Mateo 5:37
Colosenses 1:11
Filipenses 2:3,4
Mateo 7:12
Proverbios 21:29
Proverbios 3:26
Romanos 5:5
Lucas 10:27

Superar actitudes negativas hacia el trabajo

Señor Jesús, eres mi Sumo Sacerdote con libre acceso a Dios, y estás al tanto de la realidad. Pasaste debilidad y prueba, lo experimentaste todo, excepto el pecado. Por esto vengo esperando recibir tu misericordia y aceptar la ayuda que estás dispuesto a darme.

Reconozco mi pecado de rebelión, y te pido perdón por mi actitud negativa hacia mi empresario, mi jefe y mis compañeros. Admito mi pecado, limpio mi pecho de ellos, y sé que no me desilusionarás sino que serás fiel a ti mismo. Gracias por perdonar mis pecados y purgarme de todas mis maldades. Soy vencedor por la sangre del Cordero y la palabra de mi testimonio.

En el nombre de Jesús, derribo toda fortaleza de desconfianza y sospecha que haya protegido y fortalecido mis patrones de pensamientos rebeldes, mis motivaciones erróneas y mis malos sentimientos hacia otros. Ato mi mente a la mente de Cristo, y mi voluntad a la voluntad de Dios. Me libero de los pensamientos egocéntricos y autosuficientes.

Me someto al constante ministerio de transformación por medio del Espíritu Santo. Tomo mi vida cotidiana, mi dormir, comer, ir a trabajar y andar por la vida y lo pongo delante de ti, mi Dios, como ofrenda. Fijo mi atención en ti, y cambiaré desde adentro hacia fuera.

Padre, elijo ser obediente a mis empleadores y a respetarlos. Estoy deseoso de complacerlos de todo corazón como [servicio] a Cristo, no como quien sirve al ojo [como si me estuvieran mirando] sino como un siervo de Cristo, haciendo tu voluntad de corazón y con toda mi alma.

Prestaré servicio de buena gana, como para ti y no para los hombres. Sé que por cualquier bien que haga, recibiré recompensa de ti.

Padre, te pido que me ayudes a hacer todo con disposición y entusiasmo, sin discutir ni pensarlo dos veces. Me propongo ir por el mundo sin corromperme, como una bocanada de aire fresco en esta sórdida y disoluta sociedad. Que pueda darles a las personas una vislumbre del vivir bien y del Dios viviente.

Te reverencio, Señor, y mi trabajo es una expresión sincera de mi devoción a ti. Cualquiera que sea mi tarea, trabajo en ella de corazón (con el alma), como algo hecho para ti, sabiendo que a quien estoy realmente sirviendo es al Señor Jesús (el Mesías). En su nombre oro. Amén.

Referencias bíblicas

Hebreos 4:14-16
1 Juan 1:9
Apocalipsis 12:11
2 Corintios 10:5
Mateo 18:18
2 Corintios 3:18
Romanos 12:1,2
Efesios 6:5-8
Filipenses 1:14,15
Colosenses 3:22-24

Quinta Parte

Oraciones en busca de dirección y una actitud correcta

Buscar sabiduría

LECTURA DEVOCIONAL

Hijo mío, si haces tuyas mis palabras
y atesoras mis mandamientos;

Si tu oído inclinas a la sabiduría
y de corazón te entregas a la inteligencia;

si llamas a la inteligencia
y pides discernimiento;

si la buscas como a la plata,
como a un tesoro escondido,

entonces comprenderás el temor del Señor
y hallarás el conocimiento de Dios.

Porque el Señor da la sabiduría;
conocimiento y ciencia brotan
de sus labios.

Él reserva su ayuda para la gente íntegra
y protege a los de conducta intachable.
Él cuida el sendero de los justos
y protege el camino de sus fieles.

Entonces comprenderás la justicia y el
derecho, la equidad y todo buen camino,

la sabiduría vendrá a tu corazón,
y el conocimiento te endulzará la vida.

La discreción te cuidará,
la inteligencia te protegerá.

La sabiduría te librará del camino
de los malvados,

de los que profieren palabras perversas,

de los que se apartan del camino recto
para andar por sendas tenebrosas,

de los que se complacen en hacer lo malo
y festejan la perversidad,

de los que andan por caminos torcidos
y por sendas extraviadas;

te librará de la mujer ajena,
de la extraña de palabras seductoras

que, olvidándose de su pacto con Dios,
abandona al compañero de su juventud.

Ciertamente su casa conduce a la muerte;
sus sendas llevan al reino
de las sombras.

El que se enreda con ella no vuelve jamás,
ni alcanza los senderos de la vida.

Así andarás por el camino de los buenos
y seguirás la senda de los justos.

Pues los íntegros, los perfectos,
habitarán la tierra y
permanecerán en ella.

Pero los malvados, los impíos,
serán desarraigados y expulsados
de la tierra.

Proverbios 2:1-22, NVI

ORACIÓN

Padre, gracias por la plenitud del Espíritu Santo que me da sabiduría, habilidad y destreza para cumplir con el trabajo para el cual me llamaste.

Gracias por impartirme la sabiduría y comprensión para saber cómo llevar a cabo el trabajo de establecer y edificar _______________ *(nombre de la firma).* Mi boca hablará sabiduría, y el pensamiento de mi corazón inteligencia.

Te doy gracias porque estoy en Cristo Jesús, quien ha venido a ser sabiduría para mí, esto es justicia, santidad y redención. Estoy lleno del conocimiento de tu voluntad a través de toda sabiduría e inteligencia espiritual, para vivir una vida digna de ti que te agrade en todo sentido: llevando fruto de toda buena obra, creciendo en el conocimiento tuyo.

En el nombre de Jesús, amén.

Referencias bíblicas

Éxodo 31:3
1 Corintios 1:30
Éxodo 36:1
Colosenses 1:9,10
Salmo 49:3

Caminar en la voluntad perfecta de Dios

Señor, digno eres de recibir la gloria y la honra y el poder; porque tú creaste todas las cosas, por tu voluntad existen y fueron creadas. Tú me adoptaste como tu hijo en Cristo Jesús, conforme a tu deseo y voluntad. Te pido que sea activo llevando mi fe a otros, para tener pleno conocimiento de toda cosa buena que tengo en Cristo Jesús.

Padre, lléname del conocimiento de tu voluntad para mi vida, y hazme sabio con toda sabiduría espiritual. De esa manera siempre andaré como es digno del Señor, agradándote en todo, llevando fruto en toda buena obra, y creciendo en el conocimiento de Dios y haciendo siempre cosas buenas para otros. Al mismo tiempo, aprenderé a conocerte más y más.

Jesús me ha sido hecho sabiduría. Caminaré con un solo propósito en esa sabiduría, esperando saber qué hacer en cada situación y estar por encima de cada circunstancia.

Presento todas mi tareas delante de ti [te las consagro y confío por completo y tú harás que mis pensamientos concuerden con tu voluntad] para establecer mis planes y tener éxito. Tú diriges mis pasos y los haces seguros. Comprendo y me aferro firmemente a tu voluntad, porque no soy impreciso, distraído ni tonto. Me mantengo firme y maduro [en crecimiento espiritual], convencido y completamente seguro de tus deseos.

Padre, me destinaste y llamaste para conocer progresivamente tu voluntad [a percibir, a reconocer de forma más fuerte y clara, a ir mejorando en conocer más íntimamente tu voluntad].

Te doy gracias, Padre, por el Espíritu Santo, quien permanece en mí y me guía hacia toda verdad (completa y total verdad), habla todo lo que escucha de ti y me declara las cosas que han de venir.

Tengo la mente de Cristo y los pensamientos (sentimientos y propósitos) de su corazón.

Por esto, Padre, he entrado en tu descanso al creer (confiar, aferrarme y descansar) en ti.

¡Aleluya!

En el nombre de Jesús, amén.

Referencias bíblicas

Filemón 6
Colosenses 4:12
Juan 10:27
Hechos 22:14
Juan 10:5
1 Juan 2:20,27
Colosenses 1:9,10
Juan 16:13
1 Corintios 1:30
1 Corintios 2:16
Santiago 1:5-8
Hebreos 4:10
Proverbios 16:3,9
Juan 3:16
Efesios 5:17
Proverbios 3:5,6
Salmo 119:105
Juan 14:26
Josué 1:8
Santiago 1:22

Confiar en Dios

LECTURA DEVOCIONAL

Porque todas las palabras de Dios son rectas, y cuanto Él hace merece nuestra confianza. Él ama todo lo justo y bueno; llena está la tierra de su tierno amor. Bastó que hablara, y se formaron los cielos, y todas las galaxias de estrellas. Él hizo los océanos, vaciando las aguas en sus inmensos estanques.

Que todo el mundo, hombres, mujeres y niños, teman al Señor, y ante Él sientan sobrecogido respeto. Porque bastó que hablara, y surgió el mundo. ¡A su mandato, apareció! Con solo su aliento puede desbaratar los planes de todas las naciones que se le oponen; pero los planes de Él permanecen para siempre. Sus intenciones son invariables para cada generación.

Salmo 33:4-11, LBD

ORACIÓN

Padre, te pido gracia para confiar más en ti. Cuando siento miedo, pongo en ti mi confianza. Alabo tu Palabra. Mi Dios, en ti confío; no temeré. ¿Qué puede hacerme un simple mortal?

Señor, tu gran amor nunca se acaba, y tu compasión jamás se agota; cada mañana se renuevan tus bondades; ¡muy grande es tu fidelidad! Por tanto, digo: El Señor es todo lo que tengo. ¡En ti esperaré!

Lléname, oh Dios, de esperanza con todo gozo y paz mientras confío en ti para sobreabundar con la esperanza por el poder del Espíritu Santo.

A ti, oh Señor, oro, y de acuerdo con tu Palabra no me fallarás, porque creo en ti. Nadie que tenga fe en ti, Padre, será avergonzado por confiar en ti.

Muéstrame la senda por la que debo andar, oh Señor; señálame el camino correcto para que yo ande por él. Guíame, enséñame, porque eres el Dios de mi salvación.

Señor, no tengo miedo a las malas noticias; mi corazón está firme, confiando en ti. Mi corazón está seguro, no sentiré miedo.

Porque eres fiel y confiable, me comprometo a confiar en ti con todo mi corazón y no apoyarme en mi propia inteligencia; te reconozco en todos mis caminos, y harás que mis sendas sean derechas. Soy bendecido, porque creo en el Señor, en quien he puesto mi confianza.

En el nombre de Jesús, amén.

Referencias bíblicas

Salmo 56:3,4
Salmo 112:7,8
Lamentaciones 3:22-24
Proverbios 3:5,6
Romanos 15:13
Jeremías 17:7
Salmo 25:1-5

Actuar con discreción

LECTURA DEVOCIONAL

¡Aleluya! ¡Alabado sea el Señor!

Dichoso el hombre que teme al Señor,
el que halla gran deleite en sus
mandamientos.

Sus hijos dominarán el país;
la descendencia de los justos
será bendecida.

En su casa habrá abundantes riquezas,
y para siempre permanecerá su justicia.

Para los justos la luz brilla en las tinieblas.
¡Dios es clemente, compasivo y justo!

Bien le va al que presta con generosidad,
y maneja sus negocios con justicia.

El justo será siempre recordado;
ciertamente nunca fracasará.

No temerá recibir malas noticias;
su corazón estará firme,
confiado en el Señor.

Su corazón estará seguro, no tendrá temor,
y al final verá derrotados
a sus adversarios.

Reparte sus bienes entre los pobres;
su justicia permanece para siempre;
su poder será gloriosamente exaltado.

El malvado verá esto, y se irritará;
rechinando los dientes se irá desvaneciendo.
¡La ambición de los impíos será destruida!

Salmo 112:1-10, NVI

ORACIÓN

Padre, te doy gracias por la virtud de la discreción.

Señor, me diste inteligencia y discreción. La discreción me cuida, la inteligencia me protege.

Conservo el buen juicio y la discreción; no los perderé de vista. Ellos serán fuente de vida para mí, un collar para adornar mi cuello. Entonces recorreré tranquilo mi camino y mis pies no tropezarán; al acostarme no tendré ningún temor; al acostarme, dormiré tranquilo. No temeré ningún desastre repentino, ni la desgracia que sobreviene a los impíos, porque tú, Señor, serás mi confianza y me librarás de caer en la trampa.

Padre, presto atención a tu sabiduría, y escucho bien tus palabras, para que al hablar mantenga la discreción y mis labios preserven el conocimiento. La discreción aleja el enojo y me da paciencia; me permite pasar por alto la ofensa.

Padre, tú eres mi Dios y mi Maestro; tú me instruyes en la discreción.

Todo esto viene de ti, Señor Todopoderoso. Eres admirable por tu consejo y magnífico por tu sabiduría. ¡Alabado sea el Señor!

En el nombre de Jesús, amén.

Referencias bíblicas

Proverbios 1:4
Proverbios 2:11
Proverbios 3:21-26
Proverbios 5:1,2
Proverbios 19:11
Isaías 28:26

Mostrar integridad

Padre, cuando pruebes mi corazón, estarás satisfecho con mi honestidad. En todo lo que hago, que pueda establecer un ejemplo al hacer lo que es bueno.

Que pueda mostrar integridad, seriedad y sensatez al hablar en mi lugar de trabajo, de forma que aquellos que se me oponen se avergüencen porque no tienen nada malo que decir acerca de mí. Me propongo dirigir, como David, con integridad de corazón; con manos hábiles él guió a su pueblo.

Padre, te agradezco que la integridad del justo me guía. Que pueda estar sin culpa delante de tus ojos para recibir una buena herencia. Que todos los hombres puedan decir de mí: «Conocemos que eres una persona íntegra y que enseñas los caminos de Dios de acuerdo con la verdad».

Júzgame, oh Señor, de acuerdo con mi justicia, de acuerdo con mi integridad, oh Altísimo, y hazme estar seguro y protegido en tu justicia.

Por mi integridad habrás de sostenerme, y en tu presencia me mantendrás para siempre.

Oro en el nombre de Jesús, amén.

Referencias bíblicas

1 Crónicas 29:17
Tito 2:7,8
Salmo 78:12
Proverbios 11:3
Proverbios 28:10
Mateo 22:16
Salmo 7:8
Proverbios 13:5
Salmo 41:12

Vivir en paz

Padre, guardaré mi corazón; y tu paz, que sobrepasa todo entendimiento, guardará mi corazón y mis pensamientos. Elijo pensar en cosas buenas.

Porque amo la vida y deseo ver muchos días buenos, alejo mi lengua del mal y mis labios de hablar mentira. Me alejo del mal y hago el bien; busco la paz y la sigo. En mi corazón tracé mi rumbo, y te miro a ti, Señor, para que dirijas mis pasos.

Me mantengo libre del amor al dinero, y me contento con lo que tengo, porque has dicho: «Nunca te dejaré ni te desampararé». Por eso digo con confianza: «El Señor es quien me ayuda; no temeré. ¿Qué puede hacerme un simple mortal?»

La bondad y el amor me seguirán todos los días de mi vida, en el nombre de Jesús.

Señor, tu paz gobernará (constantemente) en mi corazón y determinará todas mis decisiones. Tú me guardarás en perfecta paz, Padre, porque mi mente confía en ti.

En el nombre de Jesús, amén.

Referencias bíblicas

Proverbios 4:23
Filipenses 4:7,8
Salmo 34:12-14
Proverbios 16:9
Hebreos 13:5,6
Salmo 23:6
Colosenses 3:15
Isaías 26:3

Ejercitar la humildad

LECTURA DEVOCIONAL

Por tanto, si sienten algún estímulo en su unión con Cristo, algún consuelo en su amor, algún compañerismo en el Espíritu, algún afecto entrañable, llénenme de alegría teniendo un mismo parecer, un mismo amor, unidos en alma y pensamiento. No hagan nada por egoísmo o vanidad; más bien, con humildad consideren a los demás como superiores a ustedes mismos. Cada uno debe velar no solo por sus propios intereses sino también por los intereses de los demás.

La actitud de ustedes debe ser como la actitud de Cristo Jesús, quien siendo por naturaleza Dios, no consideró el ser igual a Dios como algo a qué aferrarse. Por el contrario, se rebajó voluntariamente, tomando la naturaleza de siervo y haciéndose semejante a los seres humanos. Y al manifestarse como hombre, se humilló a sí mismo y se hizo obediente

hasta la muerte, ¡y muerte de cruz! Por eso Dios lo exaltó hasta lo sumo y le otorgó el nombre que está sobre todo nombre, para que ante el nombre de Jesús se doble toda rodilla en el cielo y en la tierra y debajo de la tierra, y toda lengua confiese que Jesucristo es el Señor, para gloria de Dios Padre.

Filipenses 2:1-11, NVI

ORACIÓN

Padre, elijo revestirme de humildad y recibir tu gracia mientras me humillo delante de tu mano poderosa. Espero una vida de victoria y de gloriosas hazañas porque mis acciones están hechas en nombre de un espíritu humildemente sometido a tu verdad y a tu justicia.

Permite que mis pensamientos y acciones sean puros, justos y correctos. Que pueda ajustar mi vida de forma que conozca y comprenda la seguridad de tu plan para mí.

Padre, permíteme examinar mis propias acciones, para que pueda tener una adecuada autoestima, sin compararme con nadie más. La seguridad de tu guía me permitirá cargar con mi propia responsabilidad con energía y confianza.

Deseo oír con cuidado y escuchar lo que se me dice. Inclino mi oído a la sabiduría y aplico mi corazón a la inteligencia y el discernimiento.

Padre, sé y confieso que la humildad y el temor del Señor traen riqueza y honra a la vida. Por lo tanto, como uno de los escogidos de Dios, santo y amado, me revisto de bondad, humildad, amabilidad y paciencia. Tolero a los otros y perdono cualquier ofensa que pudiera tener en contra de alguien. Perdono como tú me perdonaste a mí. Y por encima de todas estas virtudes, pongo el amor, que vincula todo en perfecta unidad. Dejo que la paz de Dios gobierne mi corazón, y soy agradecido.

Padre, que tu voluntad se haga en la tierra (en mi vida) como en el cielo.

En el nombre de Jesús. Amén.

Referencias bíblicas

1 Pedro 5:5
Salmo 45:4
Gálatas 6:4,5
Proverbios 18:12,13
Proverbios 2:2
Proverbios 22:4
Colosenses 3:12-15
Mateo 6:10

Controlar la lengua

Padre, me comprometo a evitar todo hablar ocioso y toda conversación necia, contrarios a mi verdadero deseo para mí y para los demás. Tu palabra dice que la lengua contamina, que prende fuego a todo el curso de la vida, que es encendida por el infierno.

En el nombre de Jesús, estoy decidido a tomar control de mi lengua.

Estoy decidido a que el infierno no encienda mi lengua. Renuncio, rechazo y me arrepiento de toda palabra que alguna vez haya salido de mi boca en contra de ti, Señor, y de tus acciones. Cancelo su poder y dedico mi boca a hablar cosas excelentes y correctas. Mi boca hablará la verdad.

Padre, atenderé a tus palabras; concuerdo y me someto a tus dichos. No los perderé de vista; los guardaré en el centro de mi corazón, porque ellos son vida para mí y para aquellos con quienes hablo, curando y sanando todo nuestro cuerpo. Sobre todas las cosas que guardo, guardo mi corazón con toda vigilancia, porque de él mana la vida. Alejo de mí el hablar falso y deshonesto, al igual que la perversidad y las palabras corruptas. Pongo mi mirada [enfocada con propósito] en lo que está por delante, y fijo la vista en lo que está delante de mí. Guardo mi boca y mi corazón con toda diligencia. Rehúso darle a Satanás ningún lugar en mí.

Padre, tus palabras son prioridad para mí. Son espíritu y vida. Dejo que tu Palabra more en mí abundantemente en toda sabiduría. Tu habilidad se libera dentro de mí por las palabras de mi boca, por lo tanto, yo hablo tus palabras. Ellas están vivas y activas en mí porque tú estás vivo y activo en mí. Por eso puedo decir abiertamente que mis palabras son palabras de fe, palabras de poder, palabras de amor y palabras de vida. Ellas producen cosas buenas en mi vida y en la vida de otros. Porque elegí tus palabras para mis labios, elijo tu voluntad para mi vida, y sigo adelante en el poder de esas palabras para decirlas en el nombre de Jesús. Amén.

Referencias bíblicas

Mateo 12:36
Efesios 5:4
2 Timoteo 2:16
Santiago 3:6
Proverbios 8:6,7
Proverbios 4:20-25
Proverbios 21:23
Efesios 4:27
Juan 6:63
Colosenses 3:16

Dedicar un negocio a Dios

En el nombre de Jesús, proclamo que mi propósito al establecer este negocio, al cual me llamaste, es glorificarte a ti, Jehová Dios. Elijo fijar mi mente y mi mirada en las cosas [tesoros eternos] y gozos del cielo, donde Jesús se sienta al lado tuyo en el lugar de honor y poder. El cielo llena mis pensamientos; las preocupaciones por las cosas de la tierra no consumirán mi tiempo. Te doy el primer lugar en mi vida (y en mis negocios) y me comprometo a vivir como tú quieres que viva, por el poder del Espíritu Santo.

Gracias, porque trabajas en mí para que yo pueda hacer tu voluntad y actuar de acuerdo con tus buenos propósitos. Me comprometo a llevar a cabo mis responsabilidades sin quejas ni contiendas, para ser intachable y puro, un hijo de Dios sin culpa en medio de esta generación torcida y depravada, en la cual brillo como estrella en el firmamento, al mantener en alto la Palabra de Vida. Así me sentiré satisfecho en el día de Cristo de no haber corrido ni trabajado en vano.

Con todo lo que hay en mí, te dedico y consagro este negocio, expresándote mi amor. Abrazo tu Palabra, guardándola en mi corazón, para no pecar contra ti, porque todo el sistema del mundo, basado en los malos deseos del cuerpo, la codicia de los ojos y la arrogancia de la vida, no vienen de ti, sino del mundo. El mundo y todos sus malos deseos desaparecerán un día. Pero el que hace la voluntad de Dios permanece para siempre.

¡Bendito sea por siempre tu glorioso nombre, que toda la tierra sea llena de tu nombre! Amén y amén.

Referencias bíblicas

Colosenses 3:1, 2
Mateo 6:33
Hechos 1:8
Filipenses 2:13-16
Salmo 119:11
1 Juan 2:15-17
Salmo 72:19

Administrar mi negocio como un testimonio

Padre, tú estás alerta para que se cumpla tu palabra. Deseo vivir de manera que mi vida refleje a Jesús. Gracias por la sabiduría que necesito para promover a Cristo en este lugar de trabajo. Es mi deseo que otros puedan ver mis buenas obras y glorifiquen a mi Padre que está en los cielos.

Dame la gracia de vivir en armonía conmigo mismo, mi familia, empleados, clientes, vendedores y proveedores, al igual que con el público en general. De ser posible, mientras dependa de mí, me propongo vivir en paz con todas las personas.

Gracias por enviar a tu Espíritu Santo para ayudarnos a todos los involucrados en este negocio a funcionar como uno. Nuestra paz, armonía y unidad serán un testimonio al mundo de que tú enviaste a Jesús. Que seamos uno para que el mundo sepa que enviaste a Jesús y que nos amas tanto como lo amas a Él.

Padre, me has hecho agente de reconciliación; me encomendaste el mensaje de la reconciliación. Ahora soy embajador de Cristo, como si Dios exhortara a otros directamente a través de mí. En nombre de Cristo les ruego a los demás: «Reconcíliense con Dios. Este es el momento propicio. ¡Hoy es el día de salvación!»

Utiliza este negocio como un brazo evangelístico para aquellos que no te conocen. Como un ministro competente del nuevo pacto, una carta viviente leída por todos los hombres, te pido sabiduría para saber cómo presentar la salvación a los que no te conocen.

Confesaré al Señor Jesús en todos mis caminos, agradeciéndole por confesarme delante de ti. Declaro y decreto en la autoridad de tu Palabra que soy sal y luz. Estoy siempre preparado para responder con gentileza y respeto a todo el que me pida razón de la esperanza que hay en mí.

En el nombre de Jesús, amén.

Referencias bíblicas

Jeremías 1:12
Mateo 5:16
Romanos 12:18
Juan 14:16
Juan 17:21-24
2 Corintios 5:18-21
2 Corintios 6:2
2 Corintios 3:6
2 Corintios 3:2
Mateo 10:32
Mateo 5:13,14
1 Pedro 3:15

Dar diezmos y contribuciones

Señor, tú me confiaste la visión para esta compañía, y te confieso a ti en todo lo que hago. Tu palabra dice: **Cada año, sin falta, apartarás la décima parte de todo lo que produzcan tus campos ... Así aprenderás a temer siempre al SEÑOR tu Dios** (Deuteronomio 14:22,23, NVI).

Gracias por el Espíritu Santo, quien me enseña a reverenciarte. Te amo y te adoro en espíritu y en verdad, traigo el diezmo a los fondos del templo para que haya alimento en mi casa. Gracias por abrir las ventanas de los cielos y derramar bendición hasta que sobreabunde.

Me propongo ser un fiel administrador sobre lo que tú has provisto. Gracias por darme semilla para sembrar. Es una bendición y un regocijo sostener el evangelio y bendecir a otros en el nombre de Jesús.

Como una expresión externa de mi compromiso contigo, te honro con mis bienes, con la primicia (del incremento y ganancia) de todos mis productos; entonces mis graneros estarán llenos hasta rebosar y mis odres rebosarán de vino nuevo.

Jesús es mi Señor y mi Sumo Sacerdote, y traigo ante Él las primicias de las ganancias de mi negocio y con ellas te adoro, Señor mi Dios.

En el nombre de Jesús. Amén.

Referencias bíblicas

Proverbios 3:6
Juan 16:7-15
Juan 4:24
Malaquías 3:10
Malaquías 3:10
1 Corintios 4:2
2 Corintios 9:10
Proverbios 3:9
Proverbios 3:10
Hebreos 4:14
Deuteronomio 26:2-11

Honrar a Dios en los tratos comerciales

Padre, tú eres amor, y mi deseo es ser imitador tuyo, que tu vida pueda ser manifestada este día a mis empleados.

Gracias por tu sabio consejo, por darme oídos para oír y ayudarme a analizar todo lo que digo y hago por el bien y el beneficio de mi personal. Ayúdame a hablar la verdad y a vivir en verdadera armonía contigo, conmigo mismo y con mis colaboradores. Te reconozco en todos mis caminos, y tú diriges mi senda.

Consagro a ti las decisiones que soy responsable de tomar y tú, haz que mis pensamientos sean agradables a tu voluntad de manera que mis planes se establezcan con éxito. Gracias por el valor de decir «no» cuando es necesario por el bien de esta compañía y para mantener tu plan y propósito para ella.

Somos un pueblo interdependiente, mutuamente dependientes unos de otros. Cada departamento opera en armonía y acuerdo, no [meramente] en lo concerniente a sus propios intereses, sino también en el interés de los otros.

Como un ejemplo para mis empleados, me comprometo a tratar a los demás como quiero que ellos me traten a mí. Mi deseo es caminar honradamente delante de ti; por lo tanto, considero, dirijo y determino mi camino con la seguridad de la integridad.

Tú eres mi confianza, y me libras de caer en la trampa. Tu amor fue derramado en mi corazón de forma que amo a mi prójimo como a mí mismo.

En el nombre de Jesús, amén.

Referencias bíblicas

1 Juan 4:8
Efesios 5:1
Efesios 4:15
Proverbios 3:6
Proverbios 16:3
Filipenses 2:4
Mateo 7:12
Proverbios 3:26
Romanos 5:5

Word Ministries, Inc.

Nuestra misión es motivar a las personas
a crecer espiritual y emocionalmente,
animarles a conocer y relacionarse con
Dios Padre de manera más íntima
mientras oran las oraciones con poder.

Acerca de la autora

Germaine Griffing Copeland, fundadora y presidenta de *Word Ministries, Inc.*, es la autora de la serie *Oraciones con poder*. Sus escritos brindan instrucciones respecto a oraciones basadas en la Biblia para ayudarlo a orar eficientemente por aquellos asuntos que le conciernen a usted y a su familia y por otros temas de oración. Su enseñanza sobre la oración, el crecimiento personal como intercesor, la sanidad emocional y otros temas relacionados a estos, han traído comprensión, esperanza, sanidad y libertad a los desanimados y heridos emocionalmente. Ella es una mujer de oración y alabanza cuya mayor forma de adoración es el estudio de la Palabra de Dios. Su mayor deseo es conocer al Señor.

Word Ministries, Inc. es un ministerio de oración y enseñanza. Germaine cree que Dios la llamó para enseñar la aplicación práctica de la Palabra de Verdad y vivir una vida victoriosa. Después de años buscando con diligencia la verdad y tratando una y otra vez de salir de la depresión, decidió que ella era un error. Desde las profundidades de la desesperación, clamó en el nombre del Señor, y la luz de la presencia de Dios invadió la habitación donde estaba sentada.

Fue en ese momento que experimentó la ternura del amor de Dios; las cosas viejas pasaron y ella fue hecha nueva. Descubrió una motivación para vivir, la vida tenía un propósito.

Al vivir en la presencia de Dios encontró amor y aceptación incondicional, sanando sus emociones dañadas. Halló el contentamiento que vence la depresión, paz en el medio de circunstancias adversas y gracia para desarrollar relaciones saludables. El continuo proceso de transformación la llevó a orar por otros, y la oración intercesora se convirtió en su foco de oración.

Germaine es la hija del reverendo A.H. «Buck» Griffin y la fallecida Donnis Brock Griffin. Ella y su esposo Everette tienen cuatro hijos, siete nietos y cuatro bisnietos. Germaine y Everette residen en Sandy Springs, un suburbio de Atlanta, Georgia.

Las oficinas de Word Ministries, Inc., se encuentran en Historic Roswell, 38 Sloan Street, Roswell, Georgia 30075. Teléfono: 770-518-1065.

www.prayers.org